Este es un libro lleno de retos personales, emocionales, espirituales y financieros. Retos que todo joven valiente, atrevido y lleno de pasión por Dios ha atravesado o atravesará en algún punto de su propia historia. Uno de los objetivos principales de este libro es hacer que la pasión de los jóvenes sea tan grande que sea imposible de esconder. Y sé que puedes lograrlo. Así que sírvete una buena taza de café y prepárate para ser desafiado...

Chrisel Floresmarker

Dedicatoria:

A todos los misioneros en el mundo.
A los que ya han entregado sus vidas y a los que aún lo hacen.
A los nacionales, internacionales, locales y a los que son misioneros en sus propios hogares.
A mi familia, mi esposa, mis hijos Iker y Slavik, y en especial a mi hija Chrisel, la escritora que dio sazón a las historias que hoy van a conocer.

J C MARKER

PASIÓN POR LAS MISIONES

UN LLAMADO A SERVIR Y TRANSFORMAR CORAZONES

e625.com

e625.com

Pasión por las misiones
Juan Carlos Marker
Publicado por especialidades625® © 2025
Dallas, Texas.

ISBN: 978-1-954149-81-6

Todas las citas bíblicas son de la Nueva Traducción Viviente (NTV) a menos que se indique lo contrario.

Editado por: María Gallardo
Diseño de portada e interior: Creatorstudio.net

RESERVADOS TODOS LOS DERECHOS.
IMPRESO EN ESTADOS UNIDOS.

ÍNDICE

CAPÍTULO

EL LLAMADO

He conocido la historia y el nombre de muchas personas que con su ejemplo y pasión han impactado pueblos, ciudades, países y aun continentes.

He conocido a muchas personas que sin lugar a dudas entregaron todo de sí con tal de cumplir el plan que Dios tenía para sus vidas... personas que nos han entregado la clave para una vida exitosa en el eco de una simple frase: "Anímate a creer que tú puedes hacer una diferencia".

Pero claro... es fácil creerlo cuando tienes la vida asegurada.

Es fácil creerlo cuando recibes amor de parte de tu familia. Es fácil creerlo cuando nunca has sentido vergüenza. Es fácil creerlo cuando tienes posibilidades económicas. Es fácil creerlo cuando tu mundo nunca se ha visto derrumbado. Es fácil creerlo cuando la devaluación de 1984 no destruyó todo lo que te daba seguridad.

Conozco la historia de un niño que pensaba que lo tenía todo, y que sentía que jamás habría necesidad de buscar nada más allá de esa vida que tanto disfrutaba.

Conozco la historia de un niño que luego lo perdió todo, y que sintió que ya no había nada más que buscar en la vida... hasta que se encontró con Dios.

Bienvenidos a mi historia.

No era un secreto que me encantaba pasear en el Ford Galaxie LT de mi padre. ¡Esa belleza fue el auto de mi niñez! Recuerdo que cada cumpleaños mi papá (quien era un sujeto muy respetado y ejercía un puesto alto e importante en el gobierno) me enviaba en su auto con una de mis niñeras y su chofer personal a comprar cuantos juguetes quisiera... ¡no había límite en la tarjeta de papá! ¿Puedes imaginarte lo fantástico que era eso?

Aunque debo reconocer que, aunque afortunadas, esa clase de celebraciones tendían a generar un tipo de soledad bastante interesante... Esa que se presenta a tu puerta aunque estés rodeado de todo lo que se supone es una buena compañía... Quiero pensar que pasear en su auto compensaba un poco las cosas.

Mi madre, por otro lado, era la diva que toda película de los años '80 desearía contratar. Aún puedo verla andando por ahí con sus joyas y su maquillaje perfectamente colocado, siempre de un lado al otro enviando a empleados por las compras de la casa.

Mi hermano mayor era muy dedicado en sus estudios, y sorprendentemente también era un poco cabeza dura. Jamás entendí el equilibrio entre esas dos caras suyas.

Mi hermano menor era un tímido consentido. No hay mucho que agregar... los hermanos menores siempre son así, aunque ellos quieran negarlo.

Por si ellos leen esto: los quiero.

Ya llegando a la mejor parte de la familia, obviamente yo, siempre fui de la clase de niños a los que hay que tranquilizar en lugar de pedirles que salgan a jugar. No solía sentarme y hacer lo que fuera que hacían los niños en esas épocas. Incluso desde bebé solían atar mi piernita regordeta a la cuna para evitar que me saliera de ella solo Dios sabe cómo, y gateara hasta la calle. Más tarde, con 12 años y nada de cordura, ya sabía cómo moverme por mi cuenta de estado en estado.

Ya te das una idea de lo inquieto que era, ¿verdad?

La economía en casa era muy buena. Nunca nos vimos en la necesidad de contar los centavos para llegar al final del mes. Por el contrario, nuestra seguridad económica era tal que mi padre, en lugar de apostar dinero en sus juegos con amigos, solía apostar propiedades, localizadas en distintas partes de la república. Si perdía una o dos estaríamos bien.

Había demasiado de dónde escoger.

Algo que siempre resaltaré de mi papá es que, muy a pesar de cómo desempeñó su rol de padre, siempre tuvo un corazón de lo más noble y benevolente.

Muchas veces su gran corazón dejaba que las personas se aprovecharan de su riqueza, pero a él esto no lo inmutaba.

Con el paso del tiempo, decidimos vender casi todas esas propiedades con las que él solía jugar, que en esa época eran tantas que simplemente se quería deshacer de ellas.

Sé que parece broma, pero todo lo que leerás en estas páginas es cierto.

Así transcurría mi niñez... ¿Qué podía salir mal?

Así transcurría mi niñez... hasta que llegó el año 1984.

En 1984 la economía mexicana enfrentó una de las crisis más recordadas de su historia, y la moneda nacional sufrió una devaluación que derribaría la fortaleza de lujos y comodidades en la que yo había vivido toda mi vida.

¿Por qué ahorrar? La billetera de papá parecía un manantial infinito de recursos. ¿Por qué preocuparse? La economía de la casa era lo suficientemente fuerte como para sobrevivir a la crisis. Siempre lo había sido. ¿Por qué asustarse? Papá siempre sabía cómo salir de un embrollo. ¿Por qué empezar a cambiar de pronto la dinámica a la que estaba tan acostumbrado? Se suponía que no había razón para alarmarse.

La estrategia de vender nuestras propiedades *después* de que la crisis nos azotara hubiera podido ser una linda idea para desarrollar este capítulo: "¡Hey, logramos sobrevivir con la estrategia de venta de propiedades y cobro de favores!".

Pero eso no sucedió.

Lo que sí sucedió fue que todo lo que alguna vez creía verdadero se desvaneció, revelando un mundo de mentiras, miedo e incertidumbre.

Resulta que papá de pronto enfermó. Resulta que mi familia pasó de tenerlo todo a no poseer nada. Resulta que vender las tierras *antes* de la crisis nos ahogó aún más. Resulta que papá no pudo volver a trabajar en el gobierno debido a su salud. Resulta que la soledad me golpeó mucho más duro de lo que nunca hubiera imaginado. Resulta que pasé de viajar cada semana a distintas partes de la nación a simplemente esperar tener un techo sobre mi cabeza al final del día. Resulta que mamá vendió su joyería fina y despidió a los empleados. Resulta que aprendimos que la lealtad de las personas se mide por cuánto dinero tienes en el bolsillo. Resulta que mi familia se quedó sola.

Nunca imaginé que de tenerlo todo a no tener nada podía haber un solo paso. Mi casa, mis recuerdos, mi comodidad, mi seguridad, los costosos juguetes de cada cumpleaños... Todo eso y mucho más se perdió. También mi valentía. Sentí que me convertía en un ser insignificante. En un anónimo más, que se pasea sobre la tierra robando oxígeno.

Por necesidad, y con poco más que algo de esperanza, nos mudamos a una pequeña casa en el centro de Toluca. Yo tenía quince años por ese entonces, y recuerdo que en el fondo de mi corazón confiaba en que pronto se me presentaría alguna manera de salir del pozo gris en el que me encontraba. Sentía que pronto llegaría una oportunidad, que aparecería justo en frente de mis ojos esperando a ser tomada...

No me esperaba que lo que en realidad aparecería sería una iglesia cristiana, y no exactamente frente a mis ojos, sino al lado de mi casa.

No me gustó nada. Mi situación ya era lo suficientemente caótica como para andar viendo personas cuyas vidas sí estaban pintadas de colores brillantes y vivos. Personas sin preocupaciones, con familias sonrientes y felices.

¿Alguna vez tuviste pensamientos como este?

Realmente, surgía un conflicto en mí cuando veía pasar a estas personas semana tras semana. Personas que, para colmo, estacionaban sus automóviles justo frente al garaje de nuestra propiedad, de manera que si queríamos salir, nos era imposible.

A mi padre eso le molestaba tanto que me mandaba a buscar personalmente a los dueños, para pedirles que movieran sus vehículos a otra parte. ¿Por qué no enviar a alguno de mis hermanos? Simple. Porque el mayor se encontraría analizando alguna teoría de quién sabe qué, y el menor se limitaría a decir que era muy pequeño para andar haciendo esa clase de mandados.

Cada vez que se reunían pasaba lo mismo. Se estacionaban bloqueando la salida de nuestra casa, y llenaban la calle con música y canciones muy extrañas.

Cada vez que se reunían yo hacía lo mismo. Me despertaba, salía al garaje, tomaba una barra de metal, y rayaba sus autos o pinchaba sus llantas. Acto seguido, entraba a la iglesia para buscar al dueño y pedirle que encontrara otro estacionamiento. Uno que sí fuera público.

¿Y qué? Alguien debía tomar cartas en el asunto... O, en este caso, una barra de hierro.

Los días se convirtieron en meses, y cada vez sentía más curiosidad por saber qué hacían realmente ahí dentro.

¿Tan solo cantaban?

¿De qué hablaban todo ese tiempo que pasaban juntos?

¿Por qué se llamaban "hermanos" entre ellos?

¿Acaso eran realmente tan felices como parecían?

¿En verdad conocían a Dios?

Eran tantas las preguntas que me inundaban, tantas las ideas dando vueltas por mi cabeza, que tenía que hacer algo.

Y lo hice.

Debo decir que esa mañana, cuando desperté, creí que sería un domingo como cualquier otro. Me puse el único par de tenis (zapatillas) que aún tenía, el cual, aunque roto y de la talla equivocada, me serviría para ir hasta la iglesia sin tener los pies expuestos. Entré allí como de costumbre, pero en lugar de buscar a las personas para que movieran sus vehículos, me coloqué justo al final de las sillas, en ese lugar donde pretendemos ser insignificantes, casi invisibles... Por ese entonces todavía no sabía que Dios es experto en elegir a aquellos que toda la vida se han sentido así, insignificantes, casi invisibles.

Creí que no pasaría nada. Las personas estaban sentadas escuchando a un hombre que compartía lo que a mi parecer era un sermón dominical común y corriente. ¿Qué podría salir mal?

—¡Alto! —gritó de repente aquel hombre que estaba en el frente— No puedo continuar hasta que comparta esta palabra de parte de Dios.

Algo raro, ¿verdad?

Entonces, comenzó a señalar hacia donde yo estaba sentado. Yo no entendía lo que estaba pasando. Todas las personas giraron sus cabezas como si se tratara de un baile sincronizado, mientras yo miraba a ambos lados esperando que no se estuviera dirigiendo a mí...

No sirvió de mucho.

No había nadie a mis lados.

Una sensación extraña me invadió.

Toda la soledad acumulada en mi corazón se desvaneció en un momento. Mi corazón comenzó a acelerarse, y un calor terrible comenzó a emanar de mi pecho. Probablemente me sudaron las manos, aunque no estoy muy seguro porque todo mi cerebro se concentró en no caer al suelo y en no comenzar a llorar sin razón.

—Dios te dice que él te enviará a predicar su Palabra a las naciones —dijo el hombre, y en ese instante hicimos contacto visual—. Las naciones esperan por ti desde el vientre de tu madre.

Y entonces me encontré con Dios.

CAPÍTULO

MÉXICO Y UN POCO MÁS ALLÁ

No podía ser cierto. Esto tenía que ser una broma.

¿Quién era ese hombre para hablarme así en el nombre de Dios?

¿Quién se creía que era para hablarme de esa manera sin conocerme?

De seguro trataba de impresionar a las personas, y por eso me habló.

No encontraba otra razón. No encontraba un pensamiento lógico que me ayudara a entender lo que estaba pasando.

Si tan solo viera mis zapatillas rotas. Si tan solo supiera que apenas tengo una casa, por puro golpe de suerte. Si tan solo supiera que no tengo ni un centavo en el bolsillo. Si tan solo supiera que nunca he salido del país y que ni siquiera tengo pasaporte. Si tan solo supiera que soy un don nadie hubiera escogido a otra persona de entre todas las que estaban presentes para afirmar tales cosas.

Ahora necesito aclararte algo sobre mi pasado. Yo había sido instruido religiosamente por los mormones. Ellos me indujeron en el conocimiento de doctrinas relacionadas con el mormonismo, y al llegar a cierta edad, fui sometido a una especie de examen que era terrible, pero tenía que hacerlo. Consistía en recitar algunos rezos y otras cosas por el estilo.

Al final del examen, uno de los "padres" se me acercó y me dijo que yo no estaba listo para tener una relación con Dios porque había olvidado uno de los rezos.

¡Ah no, eso no!

Me enfurecí tanto ese día que me prometí a mí mismo que nunca nadie me diría si estaba listo o no. Esa tendría que ser una decisión personal.

Aquello volvió a mi mente como un relámpago mientras este hombre me señalaba. ¿Sería ese el momento de decidir? ¿Estaba yo listo para hacerlo?

Parado ahí atrás, en el fondo de la iglesia, me sentí como quizá se haya sentido Abram después de haber recibido la promesa de Dios en Génesis 15.5: *"Luego el Señor hizo que Abram saliera de su carpa y le dijo: —Intenta contar todas las estrellas que hay en el cielo y verás que no puedes. ¡Pues, así de numerosos serán tus descendientes!"*

Uno lee esto y lo primero que piensa es: ¡si tan solo Dios supiera que Abram era un anciano, y que su esposa no estaba en condiciones de concebir y dar a luz a un hijo! Pero luego uno se da cuenta de que... ¡claro, Dios sí lo sabía!

Génesis 15.6 continúa: "*Y Abram le creyó al Señor, y esto le agradó al Señor y, por eso, lo consideró un hombre justo*".

Volviendo a la escena de la iglesia, yo decidí que si lo que estaba sucediendo no era solo un producto de mi imaginación, estaría dispuesto a entregarme por completo. Si en verdad era Dios el que me estaba llamando, lo dejaría todo. Y no por la palabra que me habían dado unos minutos atrás, sino porque quería adentrarme en lo que sería la aventura más grande de mi vida, que es conocerle a él.

Y así fue.

A partir de ese momento dejé de rayar los autos y de pinchar las llantas, me volví un poco más comprensivo con aquellos que tomaban mi casa por estacionamiento y empecé a asistir regularmente a las reuniones de la iglesia.

Pronto me convertí en un miembro activo. Me gustaba aprender de la Biblia y conocer más a Dios. Pasé muchas tardes escuchando su palabra, noches llorando en su presencia y días enteros pensando en él.

Con el tiempo, comencé a sentir que ese hueco en mi vida era llenado por primera vez.

El hambre que sentía por crecer espiritualmente era cada vez más grande. Sentía que necesitaba hacer algo más, además de solamente asistir a las reuniones. Deseaba involucrarme de una manera más profunda.

Oportunamente, la pastora principal de la iglesia hizo una convocatoria a los jóvenes para participar en un grupo de teatro y empezar un ministerio... ¡Era mi momento!

Muy sinceramente, y en confianza contigo, puedo decir que siempre he sido bien parecido, inteligente y dotado de habilidades dramáticas. ¿Para qué engañarnos? ¡Yo era lo que ese grupo de teatro necesitaba!

Sin temor alguno, y con el pecho hinchado de seguridad, me acerqué a la pastora para hacerle notar mis ganas de convertirme en su nueva estrella de actuación. Pero como esto no es un cuento perfecto sino un relato de la vida real, ella me negó la entrada sin titubear. ¡No tenía sentido! ¡Yo lo tenía todo! De seguro se había equivocado. No es posible ver a un actor de mi talla y dejar pasar la oportunidad… ¿o sí?

—¿En serio quieres servir? —me preguntó la pastora con una sonrisa en sus labios.

—¡Claro que quiero! ¡Estoy listo para mi debut!

Ella me miró pensativa, y después pude ver surgir en su rostro una sonrisa de esas que la gente pone cuando tiene un plan entre manos.

—Muy bien… si en verdad quieres hacerlo, tendrás que aprender a pagar el precio de servir a Dios con un corazón correcto. Y debes saber que no será nada fácil.

Mi lado impulsivo aceptó el reto sin pensarlo dos veces.

—Antes de participar en el grupo de teatro —continuó ella—, tu deber será lavar los baños de la iglesia durante un buen tiempo.

Sí… debí habérmelo pensado dos veces.

De un segundo a otro pasé del sueño de ser una estrella a saber qué habían comido los hermanos durante la semana.

Como nota positiva, debo decir que cada vez que me iban a supervisar, resaltaban lo bien que yo hacía el trabajo.

¿Y cómo no hacerlo bien? ¡Era imposible darme el permiso de hacerlo mal… no solo por mi salud, sino por la de la congregación entera! Tristemente, recién después de unos meses de arduo trabajo me enteré de que podía usar guantes y cepillos de limpieza... Yo ya me había acostumbrado a meter mi mano hasta el fondo y a sentir la parte suavecita en el escusado.

Lo lamento mucho si estás leyendo esto mientras comes algo...

No tardé en comprender que el verdadero plan de mi pastora era crear humildad en mi corazón. De alguna forma ella sabía que solamente pasando tiempo de rodillas delante de los baños yo podría comprender que humillarse delante de Dios no es un acto de timidez o de falta de valor, sino simplemente un acto en el que reconocemos que toda la habilidad y fortaleza que poseemos proviene de él y solamente de él.

A VECES LOS PLANES DE DIOS LLEVAN TIEMPO.

Una vez aprendida la lección, pasé de lavar baños a limpiar las sillas antes y después de cada reunión. Ya no era tan malo. La espalda me dolía menos y mi nariz dejó de sufrir (si seguía así, me hubiera quedado sin olfato).

—Ya es el momento —me dijo cierto día la pastora—. Quiero que te unas a nosotros en el grupo de teatro. ¿Te interesa?

¡Síiiiiii! ¿Cuál sería mi primer papel? ¿Algún héroe de acción de la vida real? ¿Sería algún personaje audaz? Claramente tenía que ser alguien atractivo... Digo, ¡mírenme!

—Tenemos una idea en proceso, y los papeles han sido asignados. Guardé el más especial para ti.

¡Por fin, alguien qu*e sabe apreciar mi talento y potencial!*

—Nuestro show se llama "Frutifiestas" —continuó ella—, y es un elenco de payasos frutales. Tú interpretarás a "Platanito".

¡Oh, no! ¡Regrésenme a limpiar sillas!

Supongo que Dios sabía que aún me hacía falta una última dosis de humildad. Mi pecho tenía que deshincharse.

A regañadientes comencé a desenvolverme en el papel... ¡y, para sorpresa mía, terminé disfrutándolo! Entre otras razones, porque gracias a nuestro grupo de payasos mucha gente, niños, niñas, jóvenes y adultos terminaron conociendo del amor de Dios y su plan de salvación. Íbamos a fiestas infantiles, reuniones dominicales, parques y hogares. ¡Éramos todo un espectáculo musical, y con un vestuario extravagante!

Pasaron los meses y seguíamos viajando por todo México. Para ese entonces ya habíamos realizado un par de giras por distintas partes de la república, pero aún no se cumplía la promesa...

Imagino a Abraham, esperando por aproximadamente veinticinco años el cumplimiento de su promesa... ¡En mi caso; había pasado un año o menos, y yo ya comenzaba a preocuparme!

A veces los planes de Dios llevan tiempo. A veces, en nuestra humanidad, llegamos a dudar del cumplimiento de la promesa cuando esta se tarda. A veces nos impacientamos y tratamos de "ayudar a Dios" para que los tiempos se apresuren. A veces tenemos miedo de haber creído en algo tan solo por la emoción del momento, o de haber escuchado mal lo que Dios nos dijo...

LAS COSAS LLEGAN CUANDO DIOS VE QUE NUESTRO CORAZÓN ESTÁ LISTO.

El asunto es que cuando de verdad te decides a confiar en Dios, debes dar el paso creyendo que él pondrá el piso.

Pasaron meses de incertidumbre. Meses en los que sentí que quizá Dios se había equivocado de persona al haberme elegido a mí para ir a las naciones. Decidí que tal vez debía empezar a hacerme a la idea de que eso no sucedería, que el grupo se limitaría a presentarse nacionalmente y que nunca habría oportunidad para mí de conocer el mundo.

Creí que Dios se había equivocado... o que yo me había equivocado...

Si estás hoy leyendo esto con un corazón afligido por no ver el cumplimiento de una promesa, ¡quiero decirte que vale la pena la espera! Vale la pena ir un poco más allá de lo que parece ser un banco de niebla infinito. Vale la pena adentrarse en lo desconocido sin saber qué es lo que te encontrarás al otro lado. Vale la pena ser valiente y creer ciegamente que Dios no se ha olvidado de ti. Vale la pena recordar que hay Alguien que de entre todas las personas en la tierra nos eligió a nosotros. A los que vivimos escondidos en el fondo de la habitación, en ese lugar donde somos insignificantes, casi invisibles...

Vale la pena creer en lo que Dios te ha prometido porque el que invita paga, y si Dios te está invitando a creer, entonces él está dispuesto a poner todo lo necesario para que, en su momento, veas el cumplimiento de la promesa.

Génesis 21.1: "*El Señor cumplió su palabra e hizo con Sara exactamente lo que había prometido*".

—Preparen sus cosas —dijo un día la pastora—, alisten sus papeles y comiencen los trámites necesarios. Daremos una gira por Estados Unidos y necesito que todo el elenco nos acompañe.

Papeles, trámites, fotos para pasaporte... ¡Era una realidad! Yo iría a Estados Unidos en una gira para presentar el show de payasos frutales al que me uní, después de haber limpiado inodoros con la mano. Lo sé, el proceso que me llevó hasta ese punto suena descabellado, ¡pero iría a Estados Unidos!

En menos de lo que hubiera imaginado, unas camionetas pasaron por nosotros y nos llevaron hasta la frontera con Laredo. Justo en medio de la carretera pude ver una placa que dividía ambas naciones. En una mitad decía "Estados Unidos Mexicanos" y en la otra mitad "Estados Unidos de América".

Y en ese momento todo regresó a mi memoria.

La pobreza en la que me encontraba. La mañana en la que Dios me llamó por primera vez. Los días que me pasé arrodillado limpiando inodoros.

Las noches que me pasé imaginando cómo sería formar parte del grupo de teatro.

La voz de mi pastora diciendo: "Ya es el momento".

La primera vez que me puse el inmenso traje de Platanito.

Las horas de trabajo con las que ahorré para este viaje.

La fidelidad de Dios.

Entonces entendí a Abraham. Entendí que él se animó a esperar veinticinco años porque sabía Quién era el que le había hecho la promesa.

Entendí que las cosas llegan cuando Dios ve que nuestro corazón está listo.

Entendí que esperar en él es la mejor decisión que cualquiera puede tomar.

Entendí que solo aferrado a su mano lograría cumplir la misión que él me había encomendado.

Entendí que si yo estaba cruzando esa frontera ahora, era porque alguien estaba preparando el camino para vivir una nueva aventura.

Y entendí que Dios estaría conmigo a cada paso del camino.

CAPÍTULO

UN DIOS DE MILAGROS

Nosotros éramos: Abuelita Dinamita, Limoncito, Sandy, Coquito, Fresita, Uvita y Platanito.

Éramos lo opuesto a lo que el mundo podría considerar exitoso... ¡pero éramos realmente geniales! Y no por nuestro talento, sino por la gracia de Dios en nosotros.

Con sonrisas y trajes exuberantes logramos conquistar el hermoso corazón de tierras tan distintas como Estados Unidos, Guatemala, Argentina, Holanda, España, Bélgica, Rusia, Cuba y unas cuantas más.

Pero aún faltaba un lugar...

Okey, reconozcámoslo. Hay quienes tienen gustos culposos, y hay quienes tal vez deberían sentir culpa por sus gustos. Pero no me malinterpretes. Hay de todo en este mundo. Hay quienes jamás podrían perderse un capítulo de su novela favorita, y sin embargo les dicen a sus amigos que nunca verían algo como eso. Hay adultos a los que les gusta el sabor de la comida de bebé y hay quienes disfrutan viendo películas infantiles sin importar su edad (mi hija es una de esas personas). He conocido gente a la que le gusta el olor de sus pies y otros que no dejan de oler su cabello.

A mí me gustaba la Unión Soviética.

Era más que eso. ¡Yo sentía pasión por ella! ¿Y cómo no sentirla, si el objetivo de la URSS era "restaurar y mejorar la política y la economía"? Muy a pesar de su retraso tecnológico, en 1920 el país dio un salto enorme con el proyecto GOELRO, el cual estaría encargado del desarrollo y la recuperación económica nacional.

Y esta era solo una de las tantas cosas que yo sabía y admiraba de la URSS. El caso es que durante la escuela yo era el "Consejero de Gobierno", y por ende me volví el representante de mi preparatoria en la universidad. Como seguramente te podrás imaginar, solía aprovechar cualquier oportunidad para hablar sobre la URSS y para aprender todavía más sobre ella.

Sin embargo, los años pasaron y a partir de aquel momento en que decidí entregarle mi vida a Dios comencé a rogarle que quitara ese gusto tan extraño de mi vida. Oré durante mucho tiempo esperando una respuesta de Dios que encajara con mi nuevo estilo de vida. Oré durante mucho tiempo esperando una respuesta que nunca llegó...

Yo deseaba que mi única pasión fuera Él, pero al contrario de lo que esperaba, en lugar de que Dios me quitara ese amor, este se volvió como una fuente incesante que desbordaba dentro de mí.

Fue entonces cuando un nombre comenzó a resonar en mi corazón. Fue entonces cuando mi espíritu abrazó un nuevo encargo que realmente venía de parte de Dios. Era como un eco que me hacía arder por dentro. Era el inicio de un nuevo llamado.

El Señor me estaba susurrando al oído el nombre de un lugar que durante años había sido dirigido por el comunismo y había estado cerrado y apartado del mundo exterior. Se trataba de una nación ubicada al lado de Rusia y que hasta hacía poco había formado parte de la ya disuelta URSS.

En esa época no era una nación muy conocida, pero de a poco se haría más y más personal para mí.

Era un nombre tan hermoso...

Ucrania... Ucrania...Ucrania...

Ese nombre daba vueltas en mi cabeza como un torbellino repleto de colores nuevos, y yo sentía ese cosquilleo en el estómago que aparece justo cuando estás a punto de hacer algo que ante la razón humana parecería una locura, pero que a los ojos de Dios tiene un propósito.

¿Ucrania? Sí, Ucrania.

Nuevamente la incertidumbre se apoderó de mí. A los países anteriores habíamos ido en grupo, y con un traductor. Esta vez debería ir yo solo, sin herramienta alguna y sin idea de cómo sobrevivir.

Iría solo, y me adentraría en un nuevo mundo.

Sin saber hablar inglés. Sin contar con el dinero suficiente. Sin saber con qué me encontraría al llegar. Sin tener idea de cuánto tiempo permanecería allí.

Hablé con mis pastores, hablé con mis padres y hablé principalmente con mi Dios, quien sabía que me respondería según su voluntad.

Volvieron las noches de oración, volvió el hambre por buscar su rostro, volvió el hambre por saber qué maravillas estarían siendo preparadas...

Gracias a mi proceso de formación en los baños de la iglesia, yo comprendía que debería pagar un precio para poder alcanzar ese propósito.

Sabía que el ministerio se construye de rodillas.

Después de un tiempo trabajando aquí y allá, logré juntar suficiente dinero como para un vuelo sin fecha de regreso, más la cantidad de $1500 pesos mexicanos (dinero que en esos tiempos equivaldría a unos $500 dólares de hoy). Claramente, no era mucho, y con eso tendría que sobrevivir quién sabe cuántas rentas, comidas y provisiones durante quién sabe cuánto tiempo.

Sí, quizá mi sentido común dejó de funcionar en ese momento.

Era el año 1994 y la URSS se había disuelto en 1991. En Ucrania todo estaría en estado de reconstrucción. Todo.

Era el año 1994, y aquello que alguna vez se llamó "estabilidad económica y social" había desaparecido sin dejar nada más que el rastro de una guerra sin vencedores.

Era el año 1994 y un joven de 21 años estaba llegando a un punto de inflexión en su vida.

Sí, viajé a Ucrania.

Por supuesto, una de las primeras cosas que hice al llegar fue entrar a una casa de cambio y entregarle al hombre el poco dinero que poseía (esos $1500 pesos mexicanos que había logrado ahorrar). De repente, noté que el hombre que me estaba atendiendo me miró como si le estuviera haciendo una broma. Parecía que sus ojos estaban esperando el momento en el que yo le dijera que lo que le había dado eran billetes falsos con el fin de hacer una broma...

Cambió unos cuantos billetes y me devolvió el resto, explicándome que se había quedado sin efectivo como para cambiármelos todos.

Y entonces entendí.

Resultó que esos $1500 pesos mexicanos que yo tenía equivalían a *cuatro años y medio* de trabajo de un hombre promedio allí en Ucrania.

¿Quéeee? Sí. Resultó que me había vuelto rico. ¡Más que rico!

En Ucrania, el mes de renta de un departamento lo suficientemente equipado como para un soltero, equivalía a cinco pesos mexicanos.

Yo desayunaba en restaurantes por un solo peso. Almorzaba en restaurantes con un solo peso. Cenaba en restaurantes con un solo peso.

¡Me reía por dentro, pensando que quizá incluso podría volver a vivir algunos meses como lo hacíamos con mi familia antes de la devaluación!

O al menos podría por fin comprarme un par de zapatos decentes, o un par de pantalones de mezclilla... ¡Esta era mi oportunidad!

Pero no, no pude.

Traté de buscar alguna tienda de ropa, pero todas y cada una de ellas tenían artículos militares y nada más...

Botas militares. Uniformes militares. Cascos y artefactos militares. Pantalones, sí... pero militares.

La realidad es que en ese momento en Ucrania reinaba la pobreza. La URSS se había disuelto hacía poco tiempo y Ucrania apenas estaba comenzando a ser un país libre, sin intervención extranjera y con demasiada intervención interina.

Hay algo que debo explicarte acerca de Ucrania y es que antes de que detonara el conflicto con Rusia en 2022, el país era exageradamente corrupto.

Y no solo con los que vivían allí, sino también con los pocos extranjeros que llegaban de visita.

¡Oh, esperemos que no haya ningún joven y apuesto mexicano con fajos y fajos de billetes para despilfarrar a voluntad...! Sí, la verdad es que yo tenía demasiado dinero...

En ese entonces los billetes ucranianos se llamaban "cupones" y recuerdo que yo tenía tal cantidad de cupones que tomaba varios de ellos y los usaba como sustituto para el papel higiénico (al menos tenía el pudor de cuidar que la cara del héroe o político nacional estuviera volteando hacia abajo al momento de utilizarlos para... bueno, tú ya sabes para qué).

De nuevo, lo lamento mucho si estás leyendo esto mientras comes algo... Ya vamos por el tercer capítulo y creo que hemos desarrollado la confianza suficiente como para hablar de ciertas cosas, ¿verdad? (¡y prepárate porque aún hay camino por delante!)

Tristemente, en Ucrania ya no quedaba más camino por delante para mí y mis numerosos cupones, pues la policía no tardó en darse cuenta de que este joven y apuesto mexicano tenía muchísimo más dinero que ellos mismos.

Tan pronto como me distraje un momento, la policía aprovechó la oportunidad para robarme absolutamente todo lo que tenía. Los cupones se fueron, las monedas se fueron y mi sustituto para el papel higiénico se fue también. De nada les serviría, pero también me robaron el dinero mexicano que no había podido terminar de cambiar. Me quedé con la billetera y los bolsillos vacíos.

ÉL ES UN DIOS DE IMPOSIBLES, Y PONE EL PISO SI TÚ ESTÁS DISPUESTO A PONER EL PASO.

Mi fortuna se desvaneció tan rápidamente como había llegado.

De no haber sido porque pagué la renta por adelantado, probablemente me hubiera quedado en la calle, sin un lugar donde dormir.

Oh, y también estaba el tema de COMER. ¿Cómo iba yo a comer?

Ese día no había comido y ya me rugía la tripa, pero no tenía alimentos ni dinero para comprarlos...

¿Iba a morir? ¿Acaso morí?

No. En realidad, después de pasar un par de horas tratando de entender lo que había pasado, recordé que había visto una panadería en la que había mendigos pidiendo limosna. Quizá yo podría hacer lo mismo y comprar unas barras de pan. El resto lo iría resolviendo poco a poco.

Salí decidido a buscar "el pan de cada día", literalmente.

Ya en frente de la panadería me senté entre dos personas. Una tenía un violín y un sombrero en el cual las personas que iban pasando dejaban sus limosnas, y si mal no recuerdo la otra persona cantaba canciones que yo no comprendía, pero con una voz hermosa.

Yo no tenía nada que ofrecerle a la gente que pasaba, tan solo una sonrisa y un estómago vacío.

Y entonces sucedió algo extraño. Justo en el momento en el que yo comencé a extender mi mano como para pedirle a la gente que pasaba y tal vez recibir algún centavo, un versículo de esos que me pasaba la noche estudiando vino a mi mente, me hizo detener la mano y me confrontó enormemente.

Salmos 37.25: "*Joven fui, y he envejecido, y no he visto justo desamparado, ni su descendencia que mendigue pan*".

Una vez, yo ya había pasado de tenerlo todo a no tener nada. Ahora nuevamente había pasado de tenerlo todo a no tener nada... Y en ninguna de las dos ocasiones Dios me dejó solo. Él siempre me hizo sentir su fidelidad y me mostró que jamás me abandonaría.

Así aprendí a conocer a un Dios que es soberano y fiel con aquellos que abrazan sus sueños como propios.

Así aprendí que él es un Dios de imposibles, y que pone el piso si tú estás dispuesto a poner el paso.

Así aprendí que él es capaz de hacer aparecer un fajo de billetes donde no lo había...

Sentí que debía hacer esto, y lo intenté porque sabía Quién era el que me había llamado. Expectante, metí la mano en uno de los bolsillos de mi pantalón, el que yo sabía que estaba vacío y, efectivamente... no había nada. Me reí, entendiendo el humor que tiene Dios.

Está en el otro lado, ¿verdad?

Al mismo tiempo que sucedía esto, un pensamiento pasó velozmente por mi cabeza. ¿Qué habrá sentido Abraham mientras sostenía el cuchillo sobre la cabeza de su propio hijo, ese hijo que era su promesa cumplida? ¿Él también habrá tenido esa corazonada de que Dios intervendría de alguna manera para ayudarlo? Quizá él también estaba esperando que en el otro bolsillo de su pantalón apareciera un fajo de billetes (o, en su caso, otro sacrificio para presentar delante del altar). Supongo que ambos tuvimos que arriesgarnos a creer ciegamente.

Metí mi mano y no pude sacarla.

¡No pude porque la cantidad de cupones que aparecieron milagrosamente en ese bolsillo me impedía hacerlo!

"... no he visto justo desamparado, ni su descendencia que mendigue pan".

Entré a la panadería y compré pan para mí y para las otras dos personas que estaban afuera, una con su violín y la otra cantando para intentar conseguir unas pocas monedas.

Y luego, con aquel dinero, logré vivir como para ser testigo de los milagros y señales que se manifestarían en las semanas siguientes.

Quizá lloré un poco, quizá fue la confirmación de mi llamado a ese lugar, quizá Abraham también estaba dando pasos hacia lo desconocido. Quizá ambos necesitábamos entender que los planes de Dios no siempre funcionan de la forma en la que esperamos.

A veces nuestras tragedias se vuelven escalones para que aquellos que están atravesando algo similar puedan saber que aun cuando se encuentren en medio de la duda, en medio del cuchillo y el altar, en medio de dos mendigos, en medio del desierto, en medio de la tormenta o en medio de cualquier prueba, Dios estará ahí, listo para mostrarles que no están desamparados.

Hoy en día aún conservo en mi billetera algunos billetes de ese fajo que apareció milagrosamente aquella tarde de verano en Ucrania, como recuerdo de la fidelidad de Dios y de todo lo que él hizo mientras estuve allí.

Por supuesto, y volviendo a la experiencia frente a la panadería, yo supuse que a partir de ese momento el resto de mi estancia en Ucrania sería pan comido. ¿O no...?

CAPÍTULO

ESTO NO ERA LO QUE ME ESPERABA

No, no fue pan comido. Cuando todavía no llevaba ni un mes en Ucrania ya me habían secuestrado, metido en la cárcel y Verónica Castro se había convertido en mi llave para salir de allí.

¿Oh, estoy yendo muy rápido? Okey, aquí voy de nuevo más lento...

Luego de aquel momento milagroso frente a la panadería y de haber recuperado mi capacidad económica, me contacté (con mis casi nulos conocimientos de inglés) con un par de iglesias en distintas partes de Ucrania para poder trabajar con ellas y enseñar un poco de lo único que sabía hacer: teatro.

Descuida, no les enseñé teatro de payasos frutales...

Así me hice varios amigos, la mayoría de entre 15 y 17 años de edad, todos ellos con los rasgos característicos de los adolescentes ucranianos. Tenían los ojos claros, un cabello rubio que literalmente brillaba bajo el sol y una piel blanca y fácil de enrojecer. Todos y cada uno de ellos superaba el metro ochenta, lo cual allí no es nada fuera de lo común.

Sí, los ucranianos son muy altos.

Con el correr del tiempo, a medida que trabajaba con las iglesias locales, me encontré a mí mismo deseando hacer algo sin precedentes en ese lugar. Algo que impactara de una forma inimaginable. Un proyecto ambicioso pero extraordinario. ¡Sentía que era el momento de organizar mi primer congreso internacional de jóvenes!

Decidido, comencé a trabajar en ello. Pasaba largos ratos organizando el programa, los talleres, la forma de enseñar... y sobre todo escuchando la voz de Dios, pues estaba seguro de que él estaba preparando algo enorme.

Luego de semanas de planeación y difusión, por fin llegó la hora. ¡El congreso ya era una realidad! Después de tanto tiempo y esfuerzo logré reunir a...

Di la verdad.

Bueno, está bien... Reuní a tan solo siete adolescentes ucranianos (que, por cierto, eran amigos míos).

Pero, ¿qué más se podía esperar? Las iglesias eran literalmente nuevas, y apenas contaban con miembros adultos.

De todos modos, seguía siendo mi primer congreso internacional y yo estaba feliz.

Nos pasamos todo el primer día hablando de estrategias evangelísticas que yo había aprendido en México durante la era de los Frutifiestas. Les enseñé obras de teatro que yo mismo había escrito y realizado. Obras, monólogos, diálogos y mucho más.

Dieron las siete de la noche.

—JC, mira la hora —me dijo uno de los jóvenes.

Dieron las ocho de la noche.

—JC, se está haciendo tarde —dijo otro.

Dieron las nueve de la noche.

—JC, tenemos que irnos.

Dieron las nueve y cuarenta de la noche.

—JC, ya casi son las diez…

—¡Caray! ¿Pues qué pasa a las diez? —pregunté, ya un poco molesto por las interrupciones.

—Hay toque de queda.

Miré mi reloj. Ya eran las diez.

—¡¿Y por qué no me dijeron nada?!

—Es que estabas tan emocionado con el congreso que no queríamos detenerte.

Para esas alturas solo quedaban dos chicos.

—¿Bueno… y qué tiene de malo? Podemos ir a mi departamento. Queda a solo tres cuadras de aquí. No habrá ningún problema.

—JC… si nos atrapan en las calles pueden encerrarnos… o simplemente dispararnos. Las cosas siguen siendo un tanto difíciles por aquí.

En ese preciso instante pude sentir claramente cómo el color de mis mejillas abandonaba mi cuerpo, pasando a ser sustituido por un blanco pálido.

Con lo poco que nos quedaba de fuerzas y energía luego de un día tan lleno de actividades, decidimos aventurarnos a mi departamento. Durante unos segundos me sentí como el típico héroe de las películas. Ya sabes… ese que entra primero a la habitación llena de malhechores armados.

¿Por qué nunca les pasaba nada a esos héroes? ¿Correríamos nosotros la misma suerte?

Se me ocurrió que, en su momento, tal vez José haya honestamente pensado que mostrarles a todos sus hermanos el regalo que le había hecho su padre Jacob por ser su favorito podía ser una buena idea… Pasamos una cuadra.

No había rastro de soldados.

Corrimos a la siguiente. Me asomé cautelosamente hacia ambos lados de la calle y lo comprobé.

No había rastro de soldados.

Corrimos una última vez. Podíamos sentir la adrenalina y la felicidad de saber que ya casi llegábamos. ¡Faltaban tan solo unos metros hasta mi departamento! Paramos en la esquina. Miré hacia ambos lados de la calle y… tal como sucede en las películas, me topé con una figura masculina que estaba de pie, firme frente a mí. Una silueta alta, uniformada y armada hasta los dientes.

Nos llevaron presos. A José también lo habían llevado preso. Ambos podíamos morir.

Cuando llegamos a la cárcel nos metieron a mis amigos y a mí en una celda apartada del resto. Al margen del nerviosismo propio de la situación, me causaba un poco de gracia imaginar cómo me veía yo en medio de dos gigantes rubios de quince años. No es que la diferencia fuese muy grande... En realidad, éramos casi iguales. Nuestra única diferencia era el ligero bronceado de mi piel.

Okey, mi piel era color canela.

Y mi altura era mínimamente más corta.

Bueno, era bastante más chico que ellos.

Sus ojos eran claros y los míos marrones.

Esa parte es cierta.

Y los tres estábamos presos.

Esa parte también.

En un momento, uno de los soldados (que estaba encargado únicamente de vigilarnos) se acercó y nos miró de pies a cabeza. Sus ojos destellaban con esa chispa que solo el odio y el trauma pueden generar.

Yo imaginé a José, pensando en que sus hermanos habían decidido matarlo y lanzar su cuerpo para fingir que alguna bestia había acabado con él, todo para demostrar que sus sueños no eran nada más que tonterías infantiles de un chico de 17 años. Lo imaginé luchando por gritar y buscar una salida. Y decidí que no me quedaría atrás.

Soy un hijo de Dios y todo un mexicano, y mi Dios construye caminos en donde no los hay, y me hace dar pasos en donde no hay piso. ¡Tenía *que hacer algo!*

—¡Mi nombre es Juan Carlos, soy mexicano, y exijo mis derechos! ¡No pueden tenerme aquí!

Los soldados comenzaron a codearse y mofarse de lo que yo había dicho.

—Claro que no es mexicano... ¡este debe ser un espía armenio! —dijo uno.

Otro de ellos vino a nuestro encuentro e hizo una seña con su pulgar, cómo si tratara de cortarnos el cuello con alguna especie de daga o algo peor...

—¡No —dijo mientras me señalaba a mí—, este debe de ser de Azerbaiyán!

Y volvieron a hacer la misma seña con el dedo.

Yo no comprendía al cien por ciento lo que hablaban entre ellos, pero igual la situación era muy aterradora. Incluso sin hablar ruso, y con los pocos meses que llevaba hablando inglés, pude entender claramente lo que estaban diciendo. Ellos habían decidido matarme.

De la nada vinieron a mi mente los recuerdos fugaces de mi niñez y de mi adolescencia, como si se estuviera acercando un evento trágico... Como si mi corazón temiera perder la fuerza para seguir latiendo... Como si mi camino estuviera llegando a su fin... ¡No, hoy no sucederá!

De pronto, recordé que tenía mi pasaporte conmigo. Si algo había sabido desde el principio era que debía llevar mi pasaporte a todas partes. Esa identificación, que alguna vez había simbolizado el inicio de un sueño, era ahora lo único que podía garantizar mi seguridad, y al menos darme la oportunidad de hacer una llamada. Era hora de usarlo.

—¡Miren, este es mi pasaporte! ¡Soy mexicano! ¡Y necesito que me dejen hacer una llamada!

Uno de ellos lo tomó en sus manos, y pude ver que sus ojos se agrandaban... Otro llegó y se lo arrebató, y a ese le siguieron otros tres.

—¡Llamen al procurador de justicia! ¡Él es mexicano!

—¡Traigan algo de vodka para todos los soldados, los presos y el personal de seguridad! ¡Su nombre es Juan Carlos!

—¡Vamos por algo de comida! ¡Debemos celebrar!

Yo estaba igual de confundido que tú en este momento.

¿Quéeee? Hace un minuto, ¿no habían decidido matarme?

El vodka y los alimentos se repartieron por toda la prisión, y en menos de una hora todos estaban borrachos y saciados de comida (que se veía muy extraña, pero olía delicioso y resultó ser muy rica).

Entonces me sacaron de la celda y me llevaron a la oficina del procurador. Cerraron la puerta con seguro y me dejaron a solas con él.

Yo estaba inmóvil. Él se acercó caminando hacia mí, con la mirada fría de un hombre que se notaba que había estado en la guerra. Sus manos eran enormes, y parecían capaces de destrozar cualquier cosa que se interpusiera en su camino. Entré en pánico. Él me miró durante unos segundos más, para después dirigirse hacia una enorme caja fuerte escondida en una de las esquinas de la oficina.

La abrió lentamente y metió su mano para rebuscar entre las cosas que había dentro. Sacó una pistola.

Parecía una Makarov PM de nueve milímetros. Era un arma semiautomática, la mejor amiga y auxiliar de las tropas soviéticas. Letal y discreta, tenía una etiqueta colgando.

¡Eso era! ¡Por eso la celebración! ¡Yo sería el primer hombre occidental en caer en manos de los ucranianos! ¡Yo sería un trofeo para ellos! Quizá por eso me habían encerrado ahí. No podía terminar de otra forma... El procurador mismo sería quien me asesinaría.

Nuevamente la película de mi vida se proyectó en cámara rápida dentro de mi corazón. Pensé en que no podría regresar nunca más a esa casa junto a la iglesia... No podría ver nunca más a mis padres y a mis hermanos, ni tampoco a esa hermosa chica de la iglesia con quien soñaba formar una familia... No podría hacer nada más por nadie... ¡No podría finalizar los sueños de Dios para mi vida!

El procurador se acercó a mí con la pistola, me la puso en las manos y se alejó a un paso de distancia.

Y entonces lo entendí todo. Quería que yo mismo me quitara la vida; así, mis huellas quedarían en el arma y él se saldría con la suya sin ninguna condena.

En ese momento, el procurador se acercó nuevamente y me rodeó el cuello con su brazo, como si fuéramos dos amigos caminando juntos.

—Esto es un regalo para ti.

¿¿Qué??

—Era de un asesino serial —continuó—, pero no lo encontramos, así que ahora es tuya.

Su aliento apestaba a vodka, y apenas podía mantenerse en pie a causa de todo el alcohol que ahora fluía en su sangre.

—No… no puedo tomar esto…

Se alejó y buscó nuevamente en la caja fuerte. Tomó una daga, me la puso en las manos y volvió a abrazarme.

—También era de un asesino serial —explicó—, pero tampoco lo encontramos.

—…

—Ahora sí… dime la verdad. ¿Qué es de ti Victoria Ruffo?

¿¿¿Qué???

—¿Y qué es de ti Verónica Castro? —en ese momento comenzó a llorar—. ¡Diles que me quiero casar con ellas! ¡No importa con cuál de las dos! Simplemente díselo, por favor… ¡yo las amo!

Luego el procurador se sentó en su escritorio, se inclinó hacia adelante y se quedó dormido entre lágrimas desgarradoras.

Si hay algo tan real como la ley de la gravedad es que un ucraniano JAMÁS llora. Ellos JAMÁS hacen chistes, JAMÁS mienten y JAMÁS lloran. Mucho menos un soldado o un procurador de justicia.

Lo que él había dicho no era una broma... Era la verdad.

¡Él realmente las amaba, realmente deseaba casarse con alguna de ellas... ¡Y toda la cárcel estaba celebrando porque yo era mexicano y me llamaba Juan Carlos!

¿Por qué? Sigue conmigo unas páginas más y lo vas a entender.

Aproveché la oportunidad, mientras el procurador dormía, para regresar hasta las celdas y buscar a mis dos amigos... quienes, por cierto, estaban todavía sosteniendo los barrotes a pesar de que la puerta estaba abierta hacía rato. Los hice salir rápidamente conmigo y así nos fuimos los tres corriendo hacia mi departamento, no sin antes detenerme en alguna alcantarilla para deshacerme del regalo del procurador.

¡Espero haber borrado mis huellas!

—¡¿Alguno de ustedes dos podría explicarme qué fue lo que ocurrió allá?! —les dije a mis amigos apenas nos encontramos seguros en mi departamento.

Ellos intercambiaron una mirada que no logré interpretar, y tan solo me respondieron:

—*Simplemente María...*

CAPÍTULO

SIMPLEMENTE MARÍA

¿Quieres saber qué fue lo que ocurrió esa noche? ¿Qué fue lo que nos ayudó a huir de la cárcel? Pues *en ese momento yo también estaba desesperado por saberlo...*

—¡¿Alguno de ustedes dos podría explicarme qué fue lo que ocurrió allá?!

—*Simplemente María...*

¿¿Simplemente María?? Realmente no entendía de qué me estaba hablando mi amigo ucraniano.

—Oye, realmente no me estás aportando mucha información... —le dije.

Y entonces, entre los dos me lo explicaron...

—Hace tres años, cuando se disolvió la URSS, nosotros éramos un país sin ninguna clase de influencia desde el exterior.

—Éramos un país comunista —intervino el otro pelirrubio—, y no sabíamos lo que era el mundo exterior hasta que llegó *Simplemente María* y *Los ricos también lloran*.

—La torre Ostánkino —continuó el primero— fue la encargada de transmitir los primeros programas extranjeros que llegaron al país, y los más importantes de todos fueron esos dos. Incluso lo siguen siendo hasta el día de hoy.

Resultó ser que estas dos telenovelas mexicanas habían sido de las primeras transmisiones que llegaron, tanto a Ucrania como a Rusia, provenientes del mundo exterior. Habían sido un furor tan grande que a la hora de la emisión de estas telenovelas las calles estaban vacías.

¡Incluso los soldados las veían desde los mismísimos tanques de guerra!

Todas las mujeres querían convertirse en las protagonistas de estas telenovelas. Muchas se peinaban como María, y hasta compraban máquinas de coser idénticas a las que ella usaba en los capítulos (¡se dice que incluso llegó a agotarse ese modelo de máquina por esta razón!).

Estas actrices llegaron a ser tan importantes que el mismísimo Boris Yeltsin les hizo una invitación para conocer al Kremlin como invitadas de honor. Según una entrevista que dio Victoria Ruffo, su viaje a Rusia fue en calidad de "visita de estado" y fue tratada como una reina.

¿Y qué tenía que ver yo con eso?

Bueno, resulta que el galán principal de *Simplemente María* se llamaba Juan Carlos Del Villar...

¡Juan Carlos! ¿Ya entiendes lo que sucedió...?

Parecía increíble, pero una telenovela mexicana los había cautivado completamente. No había en toda Ucrania un corazón con la suficiente frialdad excomunista como para que María y Juan Carlos del Villar no lograsen tocarlo.

Simplemente María les había cambiado la vida.

Y yo lo aprovecharía.

Ya no se trató de obritas de teatro o de pequeñas salidas evangelísticas. Estoy hablando de parques repletos de personas que querían tomarse una foto conmigo. Fueron varios los hombres ucranianos que me ofrecieron a sus hijas como esposas. Había también quienes me pedían que los llevara conmigo a México. Y, por supuesto, todos me preguntaban qué había pasado con María.

¿Cómo llegué a juntar tantas personas interesadas en oírme? Sencillo. Cada vez que salía a compartir la Palabra de Dios yo decía tres cosas. Tan solo tres:

1. "Soy mexicano".

Mostraba mi pasaporte y la gente comenzaba a acercarse. Dudosa, pero con los ojos bien abiertos.

2. "Mi nombre es Juan Carlos".

En ese momento todos enloquecían en una forma difícil de describir. No pasaban ni cinco minutos para que, de la nada, se formara una multitud. Lo mismo que estamos acostumbrados a que suceda cuando en algún lugar aparece un famoso o una estrella de rock.

3. "Soy cristiano".

La mirada de la gente se helaba, pero permanecían expectantes de lo que podría suceder.

Entonces yo lanzaba el mensaje de salvación.

Hacía setenta años que el cristianismo había sido prohibido. Mucha gente se negaba a escucharme por miedo a lo que una decisión libre podría traerles como consecuencia. Unos lloraban, otros reían y otros me abrazaban... Todos estaban experimentando por primera vez lo que era tener un espíritu libre.

Yo nunca había imaginado que mi forma de ser, incluso físicamente, sería de importancia para los planes de Dios en mi vida. Jamás había pensado que el color de mi piel, mi estatura y aun mi nacionalidad impactarían de forma positiva en mi capacidad de transmitir el mensaje de salvación.

Recuerdo cuando era adolescente. Recuerdo ver a mis amigos preguntarse por qué no eran más altos, o fuertes, o atractivos... Me recuerdo a mí mismo cuestionando las mismas cosas... Cuestionando un diseño que había sido hecho a imagen y semejanza de Dios...

A veces me imagino a José uniéndose a nuestros cuestionamientos... Quizá si las cosas se hubieran dado de otra forma, sus hermanos no se hubiesen enojado, y quizá tampoco lo hubieran vendido...

Quizá, y solo quizá, de no haber sido un soñador, nunca se hubiera encontrado alejado de su hogar, ni encarcelado... Aunque claro, tampoco hubiera podido interpretar los sueños de Faraón, ni hubiese llegado a ser el segundo hombre con más poder en todo Egipto, ni hubiera salvado a tantas personas en tiempos de hambre...

Quizá, y solo quizá, si yo no hubiera logrado escapar de la cárcel y de las manos de los soldados excomunistas, tampoco hubiera podido ser testigo del nivel de impacto que Dios me permitió tener más tarde en Ucrania...

Supongo que a veces no dimensionamos las razones de por qué Dios nos ha creado de cierta forma.

A veces le prestamos más atención a las preguntas que se nos ocurren que a las razones que tenemos para abrazar la forma en la que Dios nos trajo a este mundo.

A veces somos tan insensatos que no vemos la belleza que hay en nosotros tan solo por ser hechura suya.

¡Hemos sido creados por las mismísimas manos de Aquel que les dio nombre a las estrellas, y aun así dudamos de lo increíbles que somos en Él y por Él!

Si te sientes identificado, descuida. No eres el único.

Hay tantas preguntas para las que no encontramos respuesta, y tantos miedos e inseguridades que amenazan con atacarnos cada vez que comenzamos a sentirnos dignos de felicidad y plenitud...

¿Por qué no puedo ser más como ellos? ¿Por qué hablo demasiado? ¿Por qué hablo tan poco? ¿Por qué soy tan ocurrente? ¿Por qué tan sensible? ¿Por qué tan bromista? ¿Por qué tan soñador? ¿Por qué tan rubio?

¿Por qué tan moreno? ¿Por qué de ojos tan oscuros?

¿Por qué? ¿Por qué? ¿Por qué? ¿Por qué? ¿Por qué? ¿Por qué? ¿Por qué? ¿Por qué? ¿Por qué? ¿Por qué? ¿Por qué? ¿Por qué? ¿Por qué? ¿Por qué? ¿Por qué?

¡Porque con tu voz declararás las buenas nuevas! ¡Porque con tu silencio podrás impartir paz a este mundo caótico!

¡Porque con tu mente planearás las estrategias que esta generación necesita! ¡Porque tus lágrimas serán las que reverdecerán valles y traerán vida a huesos secos! ¡Porque con tu chispa repartirías gozo a los abatidos! ¡Porque con tus sueños llenarás de esperanza a aquellos que ya no tienen ninguna! ¡Porque con tu tono de piel y el color de tus cabellos mostrarás todo el espectro de colores hermosos que imaginó nuestro Creador! ¡Porque con tus ojos verás los milagros que Dios aún está por hacer contigo y con otros!

Dios utilizó los sueños de José y su forma de ser para llevarlo a lugares que ni él mismo hubiera podido imaginar, de manera que pudiera ser de bendición a muchos.

Y Dios utilizó a un mexicano morenito y con bigote para atraer las miradas curiosas de Ucrania, permitiéndole llegar a los corazones de tantas y tantas personas para que volvieran a encontrarse con él.

Efesios 2.10 dice: *"Pues somos la obra maestra de Dios. Él nos creó de nuevo en Cristo Jesús, a fin de que hagamos las cosas buenas que preparó para nosotros tiempo atrás"*.

Porque a pesar de que existen las galaxias con sus millones de estrellas, y el mar con sus tesoros, y los montes con su grandeza, y el mundo con su belleza… eres tú a quién Él llama "su obra maestra".

Sí, con todo y tu forma de ser. Con todo y las preguntas que te haces. Con todo y ese corazón en el que aún crees que no has sido escogido para algo bueno.

CAPÍTULO

DE REGRESO A CASA

¿Recuerdas todos los milagros y señales sobre los que te conté hace algunas páginas? Pues aquí va uno más...

Todavía me encontraba en Ucrania, y un día, junto con un amigo, decidimos salir a evangelizar en una especie de parque que hay en el centro de la ciudad. Por ese entonces yo ya había aprendido inglés, y mi amigo era mi traductor del inglés al ruso.

Todo iba bien, pequeños grupos de gente se juntaban cada cierto tiempo para oírnos compartir el mensaje. Pero justo cuando estábamos a punto de terminar nuestra jornada de evangelización, un grupo de Hare Krishna se ubicó no muy lejos de nosotros. Algunos de ellos se dedicaron a rezar, mientras que el resto comenzó a compartir con las personas sobre su movimiento religioso.

Entonces sentí que se despertaba dentro mío el monstruo de los celos. No esos celos que sentías en la secundaria cuando alguien intentaba robarte a tu mejor amigo, o esos que son comunes entre hermanos, sino algo que venía realmente de Dios. Yo sentía una indignación tremenda, y en ese instante tomé la firme decisión de que no permitiría que más mentiras fueran esparcidas en ese hermoso país que recién había sido liberado. Sin pensarlo dos veces, me planté en medio de ellos y como pude grité desde lo más profundo de mi ser:

—¡Pueblo de Dnipropetrovsk, durante setenta años te prohibieron creer en Jesucristo, pero hoy debes saber que él es el camino, la verdad y la vida!

La gente me miraba y se iba, y los grupos que estaban alrededor de los Hare Krishna también se retiraron...

—¡Ayúdame a traducir! —le dije a mi amigo— ¡La gente se está yendo!

—JC, no hay nada que traducir... hablaste todo en ruso.

—¿Qué estás diciendo? ¡Si yo no hablo ruso! —exclamé— ¡Apúrate, que se están yendo!

—JC, si el milagro no fue que hablaras en ruso, entonces fue que todos te entendimos perfectamente... De hecho, la gente se está yendo por el gran impacto que les causó lo poco que lograste decir...

—¿Hablas en serio?

—Sí... es un milagro...

Este fue un milagro más, de entre muchos que atestiguamos. Fue un milagro ver sanidades. Fue un milagro ver familias restauradas. Fue un milagro ver corazones volviendo a casa. Fue un milagro arraigarme en esa nación a tal grado de sentirla como mi hogar...

Pero llegó el tiempo, y yo debía regresar a casa. No, no a mi departamento rentado por cinco pesos mexicanos. Era hora de volver a México y relatarles todo lo que había sucedido. Era hora de volver a México y hablarles de mundos nuevos. Era hora de volver a México y contarles de las puertas que Dios me había abierto por ser mexicano.

Era hora de volver a México y testificar sobre cómo mi nombre había impactado en pueblos enteros para la gloria de mi Padre. Era hora de volver a México y contarles de *Simplemente María...*

Pero, ¿estaría yo realmente listo para regresar a México? ¿Y si las cosas no eran iguales que antes?

¡Por supuesto, jamás lo serían!

Porque mi vida había cambiado. Y yo había cambiado.

Había cambiado para ser mejor y más valiente en la fe. Había cambiado para no volver a escuchar la voz del fracaso llamándome por mi nombre. Había cambiado para dejar de ser aquella persona que siempre se cuestionaba el por qué y el para qué de todas las cosas.

No solo había empezado a tener una perspectiva diferente sino que había empezado a actuar de forma distinta. Había empezado a llevar un estilo de vida en la fe que lo marcaría todo. Y entonces volví a México.

"Hmmm... Es literalmente imposible que eso haya pasado".

"Yo tampoco creo que sea del todo cierto... ¡Ni siquiera sabías hablar bien inglés cuando te fuiste!"

"Y ni hablar de lo de *Simplemente María*. Eso definitivamente no sucedió".

No, esa no era la bienvenida que me había imaginado. ¡Incluso fui recibido con total indiferencia por personas que pensaba eran mis amigos!

Yo me sentía desconcertado.

¡Se suponía que al regresar compartiría de los milagros

que había presenciado y esparciría esa pasión que ardía tan descontroladamente en mi interior!

¡Se supone que cuando Dios hace cosas con tu vida, las personas cercanas a ti se mostrarán maravilladas y agradecidas a Dios por causa de las cosas hermosas que él hizo en ti y a través tuyo!

¿O no...?

Bueno, si me permites hablar crudamente, tengo que decirte que no importa cuán increíbles sean tus proyectos en Dios, no importa cuántos milagros ocurran, ni la cantidad de veces que hayas visto la mano de Dios de formas impresionantes...

Siempre existirán personas que cuestionen tus acciones. Siempre habrá quienes se sentarán a la mesa a escucharte solo para intentar encontrar un cabo suelto.

Siempre estarán los que decidan no creer en el llamado de Dios para tu vida, y los que harán todo con tal de derribarlo.

"Seguramente inventa esas cosas para llamar la atención".

"¿Quién se cree que es?"

"Hace no mucho tiempo se dedicaba a lavar los baños".

"¿No se da cuenta de la vergüenza que da?"

"Yo no creo que Dios se hubiera conformado con tan poco".

Créeme, cuestionarán hasta lo impensable.

"Seguro que roba el dinero de los diezmos para pagar sus viajes".

"Debería abandonar todo y dedicarse a otra cosa".

"¿Qué tiene que ofrecer alguien como él?"

"No es suficiente".

"Es un fracasado".

"Nunca lo logrará".

¿Y qué se supone que haga uno en estos casos?

ACTUAR.

¿Has oído hablar de los saltos de fe?

Te presentaré uno: ve y actúa conforme a lo que Dios te ha dicho que hagas. Y no te detengas a escuchar los golpes de espada.

De hecho, no te detengas ni siquiera a escuchar la voz de tu propia mente, porque ella suele jugar en contra del Espíritu. A veces es ella la que arroja flechas hirientes a tu corazón, flechas que te hacen dudar de la capacidad que Dios decidió poner en ti.

¿No me crees? Entonces créele a Moisés. En Éxodo 4.10-12 leemos:

"Pero Moisés rogó al SEÑOR*:*

—Oh Señor, no tengo facilidad de palabra; nunca la tuve, ni siquiera ahora que tú me has hablado. Se me traba la lengua y se me enredan las palabras.

Entonces el Señor le preguntó:

—¿Quién forma la boca de una persona? ¿Quién decide que una persona hable o no hable, que oiga o no oiga, que vea o no vea? ¿Acaso no soy yo, el Señor?

¡Ahora ve! Yo estaré contigo cuando hables y te enseñaré lo que debes decir".

En mi opinión, el verdadero problema de Moisés no era que él no creyera que era Dios quien le estaba hablando, sino más bien que él había pasado demasiado tiempo escuchando las críticas de su propia cabeza, a tal grado que se las había creído y las había adoptado como una identidad de fracaso.

¿Qué tanto pueden llegar a afectarnos las palabras de otros? ¿Y qué tan hirientes pueden llegar a ser los golpes con los que nosotros mismos azotamos a nuestro corazón?

Éxodo 4.13 continúa:

"Pero Moisés suplicó de nuevo: —¡Te lo ruego, Señor! Envía a cualquier otro".

El problema es simple: dejar que nuestros oídos escuchen otras voces (incluida la nuestra) que no son la voz de Dios, puede llevarnos hasta el extremo de rogarle a él que cambie la decisión de habernos escogido, ¡como si él se hubiera equivocado! Como si un solo encuentro con él no fuera lo suficientemente poderoso como para transformar nuestra identidad de fracaso en una de victoria según su voluntad.

En ese momento yo me sentí muy identificado con Moisés. Sin embargo, y a pesar de todas las oposiciones, entendí que cuando Dios te entrega una misión, una pasión y una encomienda, el anhelo en tu corazón por cumplirla debe ser lo suficientemente fuerte como para contagiar a otros...

En mi caso, así fue.

Así como Moisés, sentí que debía regresar a la tierra donde había comenzado todo. Mi hermosa Ucrania. El lugar que terminaría siendo mi hogar... literalmente. Pero eso es historia para otro día.

La única diferencia era que ya no iría solo. Con el permiso de mis pastores, organicé un grupo misionero con las personas que habían decidido creer en lo sucedido allí. Ahora, era su turno.

El grupo era bastante interesante. Incluía los más diversos temperamentos y personalidades, formas de pensar e incluso de ver el mundo. Sin embargo, para mi grata sorpresa, todos compartíamos la misma pasión por llevar el mensaje de salvación al mundo.

Yo brincaba por dentro de la emoción al pensar lo que sentirían estas personas cuando vieran lo mismo que yo había visto unos meses atrás. La idea era sencilla.

Iríamos a algunas de las iglesias en las que yo había trabajado antes y los ayudaríamos, junto al propio equipo de jóvenes de cada iglesia, a compartir en las calles empleando nuestro mejor recurso: el teatro.

Nuestro repertorio era muy extenso. Nos preparamos a lo grande, ensayando coreografías modernas de break dance, y por supuesto también actuaría el grupo de payasos de nuestra iglesia. Así es, ¡Platanito volvería a escena! También habría bailes folclóricos típicos mexicanos, con todo y los sombrerotes. ¿Quién no quiere ver a un guapo bigotón bailando con sombrero de charro?

Llegamos a Ucrania y comenzamos a hacer todo tal cual lo habíamos planeado. Presentación tras presentación, baile tras baile, acto tras acto, y adivina qué...

Déjame darte una pista: nadie se acercó.

¡Así es, adivinaste! Nadie se acercó. Nadie.

¿Puedes imaginarte cómo se habría sentido Moisés si hubiera llegado dispuesto a hablar delante del faraón y no le hubieran salido bien las palabras? ¿Puedes imaginarte lo que hubiera pasado por su corazón?

¿Y puedes imaginarte cómo me sentía yo al estar ahí, en esa plaza ucraniana, siendo ignorado por todos cuando meses atrás había visto la poderosa mano de Dios obrando de maneras increíbles?

Lo que debemos entender es que Dios siempre transforma nuestra identidad (mientras le demos autoridad y total permiso para hacerlo, claro), pero no siempre cambia las circunstancias. Por eso a veces necesitamos sabiduría para poder emplear las herramientas que él nos ha dado de una manera creativa.

Y eso fue exactamente lo que hice.

Armé un nuevo plan de acción con una de las iglesias locales (una de las más nuevas y pequeñas que conocía) y nos preparamos para montar juntos una extraordinaria función.

Luces...

—¡Oh, Dios mío! ¿Quién es ella?

Cámara...

—¡Háganse a un lado, tengo que verla!

¡Acción!

—¡María, María, sonríe para la cámara por favor, que quiero tomarte una fotografía!

—No entiendo —preguntó una chica ucraniana—, ¿quién es ella?

—¡¿NO LO SABES!? —gritó uno de los chicos que venía conmigo en el grupo del viaje misionero.

—¡ES LA HERMANA DE MARÍA, MARÍA! —dijo otro.

—¿La hermana de María? —preguntó un hombre mayor que pasaba por ahí y que había escuchado lo que estaban hablando (deliberadamente fuerte) los jóvenes de mi grupo—. ¿La misma María López?

—¡Pero claro que es ella! —exclamó otro chico que formaba parte del grupo— ¿No se enteraron?

—¡¿Enterarnos de qué?! —preguntó el pequeño grupo de gente intrigada que se había ido juntando.

—¡Grabarán la segunda temporada de *Simplemente María* aquí en Ucrania! —exclamó una de las chicas de nuestro grupo que actuaba como si fuera una paparazzi.

—¡Síii, y hoy comienzan las grabaciones en una pequeña iglesia no muy lejos de aquí!

En ese momento, la plaza se volvió completamente loca. Yo diría que el triple de loca, en comparación con cuando había ido yo solo.

Por si no lo adivinaste todavía, déjame contarte cuál había sido nuestro genial plan:

Debido a la falta de atención que estábamos recibiendo a pesar de todas las obritas y coreografías que habíamos preparado para el viaje, decidimos cambiar de estrategia y llevar el impacto que yo había experimentado con *Simplemente María* a otro nivel. ¡Era un plan perfecto!

Iríamos a la plaza, y una vez allí la mayoría de los jóvenes de la iglesia local y parte de nuestro grupo misionero comenzarían a rodear a nuestra preciosa actriz principal gritando su nombre y difundiendo la "noticia".

Mientras tanto, el resto de los integrantes del grupo misionero actuarían de paparazzis emocionados por ver a la hermana de María en persona.

Y bueno... respecto a la chica que haría el papel de "la hermana de María", claramente debía ser la más hermosa, la que tuviera el porte de toda una artista y la que naturalmente se llevara las miradas de todo el mundo. La elegida fue Lizzet, la mujer que actualmente es mi esposa y de quien vivo completamente enamorado.

Aaaah, que tierno, ¿verdad?

Los lentes de sol y las flores que le dimos para que entrara en el papel le dieron un toque especial... Era toda una belleza... En fin, para continuar con la historia, después de un rato en la plaza, la multitud nos siguió a lo que habíamos preparado como una "trampa mortal", si es que me comprenden... (en realidad, pensándolo bien, era todo lo opuesto. ¡Era una trampa para darles vida!). María y todos los demás fuimos guiando a la gente hasta una pequeña iglesia en el centro de la ciudad.

¿Recuerdas mi primer "congreso internacional"?

¿El del toque de queda?

Sí, ese.

¿En el que te encarcelaron?

Sí, ese...

¿En el que te salvó Verónica Castro?

¡Bueno, sí, vamos a seguir ya! Si lo recuerdas bien, sabrás que en ese congreso de jóvenes éramos apenas un par de chicos. Y no por nada en especial, sino solo porque las iglesias eran realmente pequeñas. Las sedes donde se reunían eran departamentos de no más de una habitación. Ahora, imagínate a una multitud tratando de entrar en uno de esos departamentos.Este al menos tenía ventanas grandes, así que imagina a las personas trepadas a las ventanas, intentando desesperadamente ver la grabación del "segundo episodio" de la "segunda temporada" de *Simplemente María...*

—¡Oh, Carlos Augusto Federico Roberto, dime la verdad y termina con mi dolor!

—¡Oh, María Cristina Roberta de la Concepción! Tengo que decirte la verdad... ¡Federico Menor Roberto de la Concepción es tu hijo!

Y así, después de un largo acto (lleno de dramatismo y lágrimas desesperadas), en el que la hermana de María lograba por fin cumplir sus sueños de libertad luego de entregarle su vida al Señor... entré yo, y puesto de pie delante del elenco, con rostro solemne le pregunté al visiblemente conmovido público:

—¿Cuántos aquí vieron lo que pasó con la hermana de María? (señalé a Lizzet con un ademán exagerado).

Todos levantaron la mano.

—¿Y quiénes quieren ahora recibir al Señor como lo hizo la hermana de María? (hice otro ademán exagerado para orientar las miradas del público hacia Lizzet).

Todos levantaron la mano. Y entonces les lanzamos el mensaje de salvación.

Todos se quedaron callados. Inmóviles. Tanto, que creímos que quizá no nos habían comprendido...

Ahora bien, ¿recuerdas las verdades absolutas que te comenté acerca de los ucranianos exsoviéticos?

1. Ellos JAMÁS hacen chistes.
2. Ellos JAMÁS mienten.
3. Ellos JAMÁS lloran.

¡Ellos JAMÁS lloran! Sin embargo, de repente, uno a uno comenzaron a ponerse de pie, intentando frenar las lágrimas que se rehusaban a permanecer dentro sus ojos por mucho más tiempo. Uno a uno fueron siendo tocados por la presencia de Dios, uno a uno fueron abriendo sus corazones, uno a uno fueron recibiendo el regalo de la salvación, y uno a uno fueron tomando la decisión de vivir para Cristo... así como lo había hecho la hermana de María.

Realmente me impactó la fuerza con la que el Señor obró ese día. Esa fuerza que ha sido la misma por los siglos de los siglos, que sigue siendo la misma hoy y que seguirá siendo la misma por la eternidad.

Y recordé que también que uno a uno habían ido cayendo los egipcios, uno a uno el mar se los había llevado y uno a uno todos habían tenido que reconocer que Dios era el único tan poderoso como para realizar semejantes señales.

Así fue como Moisés se dio cuenta de que no se trataba de su capacidad, ni de lo que él podía o no lograr según las voces de quienes lo rodeaban, sino del poder de Dios obrando a través suyo.

Y así fue, también, como yo entendí que cuando Dios nos llama a cumplir con algo, nos llama con todo lo que somos. Incluso con aquellas cosas que solemos intentar ocultar de su rostro. Esas cosas que durante años nos han mortificado y que si pudiéramos borrarlas ni siquiera existirían en nuestras vidas.

"¿Quién decide que una persona hable o no hable, que oiga o no oiga, que vea o no vea?"

¿Quién decide si eres lo suficientemente capaz o no? ¿Quién decide si debes ser tú o no? ¿Quién decide si tu pasado es o no es lo suficientemente "perfecto" como para que seas "digno" de servir a Dios? ¿Quién decide si debes actuar ahora o no?

"¡Ahora ve! Yo estaré contigo cuando hables y te enseñaré lo que debes decir".

Ahora ve, y deja de mortificarte por no ser como crees que se supone que deberías ser. Ahora ve, y concéntrate en ser lo que Dios dice que eres, y en hacer lo que él te dice que hagas. Ahora ve, y no tengas miedo de que no te salgan las palabras.

Ahora ve y actúa. Tan solo actúa y mantén tus oídos atentos, pues aún en medio del proceso Dios te dirá lo que debes hacer.

Ve y actúa, pues Dios es quien ha decidido enviarte. Ya has escuchado lo que él te encargó. ¿Qué es lo que harás al respecto?

CAPÍTULO

LA TORMENTA

¿Qué es lo que harás al respecto? ¿Qué debemos hacer al respecto?

Hace unas páginas yo dije "actúa".

¿Yo dije "actúa"?

¿Y qué pasa cuando las cosas actúan en tu contra?

¿Qué pasa cuando no puedes sacar ningún provecho de las situaciones que te rodean?

¿Qué pasa si no sucede nada?

¿Y qué pasaría si sí sucede algo...?

Era el año 1992 y yo estaba inscrito para asistir al campamento de una organización misionera internacional. ¡Era un campamento que me llenaba de emoción y expectativa! Como siempre, yo estaba lidiando con un hambre incalculable de la presencia de Dios, sin mencionar que se llevaba a cabo en Valle de Bravo. Quienes han ido saben que es un hogar precioso para los atardeceres.

¿Alguna vez has ido a una conferencia, congreso o campamento en el que *sabes* y *sientes* que Dios te dirá algo específicamente a ti, pero no sabes en qué momento o de qué forma lo hará? Bueno, ese era mi caso. En realidad, ese era mi caso constantemente. Sin embargo, esta ocasión era especial pues el campamento era un campamento *misionero* en el que hablarían varios *misioneros*, y donde todos los asistentes serían jóvenes con el anhelo de ir a *misiones*... ¿Entiendes? ¡IGUAL QUE YO!

¿Sentiste alguna vez cuando eras niño lo que es esperar algo con muchas, muchas ansias? ¿Algo así como un regalo por alguna ocasión especial, como cumpleaños o festividades?

¿Alguna vez te prometieron ir por una rica hamburguesa con papas fritas después de un largo día de escuela?

¿Alguna vez fuiste a ver una película al cine esperando que fuera lo mejor del mundo?

Y... ¿te pasó alguna vez que en lugar de un juguete te regalaron calcetines?

¿Te pasó que en lugar de ir por esa rica hamburguesa te llevaron a casa a comer otra vez caldo caliente de pollo, aunque fuera verano?

¿Te pasó entrar al cine para ver esa película y que resultara ser una estafa, además de una pérdida de tiempo?

Tristemente, hay ciertos momentos en la vida en los que no se puede hacer nada para cambiar la situación, aunque las cosas no sean como esperábamos que fueran...

Pedro, ¡oh impulsivo Pedro!, tú tampoco podías hacer nada para cambiar la situación, para calmar las aguas...

¿Y dónde estaba Jesús?

¿La figura que veían los discípulos a lo lejos era un fantasma? ¿Era una prueba?

¿La figura que veían los discípulos a lo lejos era tu respuesta? ¿Tu milagro? ¿Tu Salvador? ¿Tu llamado?

Ese campamento fue un desastre. Todo salió mal. Era mi película frustrada, mi caldo de pollo y mis calcetines de cumpleaños.

Todo fue un caos… hasta que Jesús se apareció en medio de lo que para mí era una tempestad.

Pero déjame retroceder un poco para que entiendas mejor.

Ya en el campamento, nos explicaron cómo se organizaría todo el cronograma. Nos hablaron de los horarios de las comidas, los horarios de sueño, las fogatas y los talleres… Habría dos talleres, dos opciones. Dos temas, dos destinos, y una sola y muy fácil decisión:

1. "Misiones transculturales"
2. "La oración eficaz del justo puede mucho"

No es difícil adivinar cuál de los dos quería tomar yo, ¿verdad? Es más, déjame decirte que fui el primero en formarme en la fila para entrar a ese taller, de manera de conseguirme un buen lugar al frente.

Y no es de extrañarse que más o menos un 95% de los asistentes eligieran ese taller al igual que yo. Digo… en un campamento sobre misiones, uno regularmente asiste y participa de los talleres que tienen que ver con misiones, ¿no es así?

Claramente.

Muy bien, pues yo ya me encontraba feliz ahí en mi asiento, como un niño pequeño esperando a que le den su dulce favorito, cuando de repente uno de los encargados se acercó a la plataforma para informar que el traductor para el pastor del otro taller no había podido llegar, por lo que solicitaban a alguien que pudiera ayudarlo un momento antes de comenzar. Voluntarioso y servicial, yo me ofrecí… aunque todavía no sabía nada de inglés.

(Te recomiendo conocer el idioma antes de traducirlo).

Dejé mi lugar para ir por un momento a ayudar al otro taller, y al llegar observé que solo había unos seis chicos allí, sin incluir al pastor americano mayor de edad. Seguro que este sería un taller aburrido. ¡Qué bueno que había dejado mi lugar apartado en el otro salón!

Sin previo aviso, escuché a mis espaldas una puerta cerrándose con seguro.

¡Puuuum!

—Perfectou, ahoura vamous a empezar el taier…

Era gracioso escuchar hablar a este hombre mientras trataba de adecuar su pronunciación americana al español…

Un momento, ¡¿el pastor hablaba español?!

¡¿Y para qué necesitaba un intérprete si ya sabía hablar español?!

—Primerou vamous a orar por una houra y después hablaremous de lo que Dios nos hablou…

¡Ay no, sáquenme de aquí!

¿En serio invitaron a este hombre únicamente para hacernos orar?

¡Aux*iliooo!*

Claro que lo grité para adentro y no para afuera.

Y claro que nadie me sacó.

Por supuesto, tampoco pude concentrarme en orar. No podía dejar de pensar en el resto de las personas que en ese momento estaban escuchando el taller al que yo tanto anhelaba asistir. ¡Yo quería oír hablar de misiones, y Dios no me hablaría de misiones estando en el taller de "La oración eficaz del justo puede mucho"!

Pasó una hora.

Mi paciencia ya se había acabado y empecé a contar los minutos.

Pasaron dos minutos más.

Cinco minutos más.

Quince minutos más.

Era como si el reloj se empeñara en ir cada vez más lento...

Treinta minutos más.

Escuché que el taller de misiones ya había terminado, y espié por la ventana, solo para ver que todo el mundo estaba saliendo con el rostro empapado y el corazón lleno.

¡Ese debí haber sido yo!

Cuarenta minutos más.

Pedro seguramente hubiera preferido estar en otro lugar. Pedro hubiera preferido pasar la noche en tierra firme, durmiendo cómodo y a salvo. Pero no, a él también le habían cerrado la puerta con seguro para que no pudiera salir de esa pequeña barca.

Cincuenta minutos más.

Me imaginé a Pedro desesperado. Esa barca era como su caldo caliente de pollo en verano.

Perdí la cuenta. No sé cuánto tiempo más pasó, ¡pero sé que me pareció MUCHO!

—¿Están listous? —dijo de repente el pastor entre pequeñas lágrimas.

Me vino a la mente Mateo 14.26: *"Cuando los discípulos lo vieron caminar sobre el agua, quedaron aterrados. Llenos de miedo, clamaron: —¡Es un fantasma!"*

—Muy bien —continuó el pastor—, vamous a hablar de lo que Dios les dijou en estas trues houras…

Mateo 14.27: *"Pero Jesús les habló de inmediato: —No tengan miedo —dijo—. ¡Tengan ánimo! ¡Yo estoy aquí!"*

¿Qué había pasado?

Pedro tenía a Jesús enfrente. Él sabía que era Jesús quien había decidido salir a encontrarse con sus discípulos en medio de la tormenta.

Yo también había tenido la oportunidad de encontrarme con Jesús de frente.

Pedro no quería estar ahí.

Yo tampoco quería estar ahí.

YO OLVIDÉ POR UN MOMENTO QUE NUESTRO DIOS ES CAPAZ DE ENCONTRARNOS EN DONDE SEA QUE ESTEMOS.

Pedro entró al agua.

Yo entré a ese taller.

Pedro sabía que Jesús lo sostendría.

Yo sabía que Dios iba a hablarme.

Pedro vio la tempestad y tuvo miedo.

Las cosas no estaban saliendo como yo las planeaba y no dispuse mi corazón.

Pedro comenzó a hundirse.

Yo no quise orar.

Pedro olvidó por un momento a Quién tenía enfrente.

Yo olvidé por un momento que nuestro Dios es capaz de encontrarnos en donde sea que estemos.

Yo me desesperé porque las cosas no estaban saliendo como esperaba.

Yo no quise orar.

Yo fui mi propio estorbo para recibir su palabra.

Yo fui mi peor enemigo.

CAPÍTULO

EL DESIERTO

Debí haberme quedado en mi lugar en el otro taller.

Debí haber dicho que realmente no hablaba inglés.

Debí haber salido de la habitación cuando pude hacerlo.

De nuevo, ahora ya no había nada que yo pudiera hacer para cambiar la situación...

Mientras pensaba en esto, seguía mirando por la ventana, intentando escuchar los comentarios de las personas que seguramente habían recibido una palabra especial de parte de Dios respecto de las misiones en el otro taller.

—Muy bien, vamous a comenzar de este ladou... ¿Qué fuei lou que Dios les hablou?

Uno de los chicos comenzó a hablar con entusiasmo, como si él sí hubiera recibido su hamburguesa después de la escuela...

—A mí —dijo llorando— Dios me dijo que uno de nosotros, uno de los que estamos aquí, irá a un viaje.

¿¿Qué??

Mi corazón latió a mil por hora.

¿Pero solo eso te dijo?

—Yo no vi quien era —intervino alguien más entre gritos de emoción—, pero sí vi que su avión llegaba a Irlanda, aunque no como destino final, sino como escala.

¿Escala?

¡¿Y cuál era el destino final?!

Una tercera persona habló:

—Yo sí vi a dónde iba. El destino final era Rusia. También vi que desde el avión esta persona podía ver a muchos niños vestidos de blanco saludándolo desde lejos.

¿Rusia?

¿Niños de blanco?

¡¡Ya, por favor, solo digan mi nombre!!

Recuerdo haber sentido lo que imagino que Gomer habrá sentido al ver una salida, una respuesta, un futuro con Oseas...

Paz.

Alivio.

Emoción.

Abrazo.

Expectativa.

Pasión desbordante.

Entonces alguien más dijo algo:

—Yo vi que en el lugar al que iba, lo acompañaban milagros, prodigios y señales. Movimientos asombrosos de la mano de Dios y su respaldo.

De pronto, algo golpeó mi mente.

Algo me hizo caer en la cuenta de lo que yo había estado haciendo.

Había estado ignorando la voz de Dios.

Había subestimado el lugar y la forma en que Dios iba a hablarme.

Yo no creía que él pudiera hablarme ahí, pues no era el taller de "Misiones transculturales".

PORQUE A VECES SE NECESITA IR A UN LUGAR EN EL QUE TODO ESTÁ TAN PERO TAN CALLADO, TAN ALEJADO DEL RUIDO DEL MUNDO, QUE NO NOS QUEDE OTRA OPCIÓN MÁS QUE OÍR A DIOS.

Me pregunto si Gomer habrá sentido culpa por no haber hecho lo que se suponía se necesitaba para merecer esa vida.

Porque yo sí sentí culpa por no haber utilizado lo que Dios me había dado. No fui creativo, no me dispuse a escuchar, cerré mi mente, ignoré las señales y finalmente Dios tuvo que usar la voz de alguien más para decirme lo que probablemente anhelaba decirme en la cara.

Pensé en el desierto...

¿Por qué es importante el desierto?

Porque a veces se necesita ir a un lugar en el que todo está tan pero tan callado, tan alejado del ruido del mundo, que no nos quede otra opción más que oír a Dios.

Un lugar donde estemos dispuestos de verdad. Dispuestos para escuchar respuestas en medio de lo que consideramos silencio. Dispuestos para ser sensibles al mover de Dios.

Los desiertos no poseen nada más que arena y silencio...

Ausencia de todo.

Un vacío infinito y dorado.

Silencio...

Silencio como el que sentí de parte de Dios al estar en ese lugar.

Silencio como el que quizá tú has llegado a sentir en algunos momentos de tu vida.

Pero tal vez Dios no se había olvidado de ti. Tal vez era Dios tratando de callar el ruido a tu alrededor. Tal vez él siempre estuvo presente. Tal vez nunca te abandonó.

Tal vez no nos dimos cuenta de que ese desierto era el lugar exacto en el que necesitábamos estar.

Oseas 2.8: "*Ella no se da cuenta de que fui yo quien le dio todo lo que tiene...*"

Quizá yo no me di cuenta de que era Dios quien me había llevado a aquel largo taller.

Quizá era yo el que tenía que ser silenciado, y no mi alrededor.

Oseas 2.14: *"Pero luego volveré a conquistarla. La llevaré al desierto y allí le hablaré tiernamente".*

NO ESPERES QUE LA MISIÓN COMIENCE EN EL VIAJE EN SÍ.

Quizá esto era necesario para que yo aprendiera a escucharlo de otra forma. Quizá era necesario para que aprendiera a vivir escuchándolo a él, en lugar de vivir queriendo que él me hable en los lugares en los que se supone que lo haga.

Pero... ¿qué clase de amor es el que te expone a tu propia vergüenza? ¿Qué clase de amor es el que te inunda de realidad y te hace consciente de tus fallas?

Bueno, en mi opinión, la clase de amor que es inagotable, que anhela hacerte crecer. Ese amor que conoce tu andar y tu corazón. Ese amor que no te quiere ver tropezar, y que sabe que si no tomas consciencia de cómo estás haciendo las cosas jamás lograrás avanzar.

Esa fue la clase de amor que puso freno a mis ganas de tener el control de cómo, dónde y cuándo suceden las cosas.

¿Puedo darte un consejo, de un humano que se equivoca a otro? No esperes que la misión comience en el viaje en sí. No esperes que Dios te hable de formas obvias, como en congresos o campamentos.

El viaje comienza cuando entiendes que ese caldo de pollo es el que tu madre o tu abuelita hicieron porque sabían la clase de alimento que necesitabas para crecer. La misión comienza cuando comprendes que esos calcetines de regalo eran el par que probablemente hoy no encuentras y que ahora necesitas. Y que incluso una película mala puede unirte por medio de las risas a las personas con las que la estás viendo.

Mi viaje no podía comenzar antes de que yo entendiera que ese desierto, esa tormenta y ese taller de oración eran el lugar donde yo necesitaba estar para aprender a escuchar su voz por sobre la mía. Su voz por sobre mis pasiones y anhelos. Su voz por sobre todo y todos...

Entonces, y recién entonces, yo estuve listo.

CAPÍTULO

CREE

Era el año 1994 y la URSS se había disuelto en 1991. En Ucrania todo estaría en estado de reconstrucción. Todo.

Era el año 1994 y aquello que alguna vez se llamó "estabilidad económica y social" había desaparecido sin dejar nada más que el rastro de una guerra sin vencedores.

Era el año 1994 y un joven de 21 años estaba llegando a un punto de inflexión en su vida.

¿Lo recuerdas?

Pues estamos de vuelta aquí.

Era el año 1994 y un joven de 21 años estaba llegando a un punto de inflexión en su vida.

Era el año 1994 y ya habían pasado dos años desde que ese joven, en un taller de oración al que no se había inscrito, recibió una palabra de parte de Dios diciendo que iría a Rusia a través de Irlanda.

Era 1994 y ese joven ya había pasado por viajes milagrosos, por los Frutifiestas y por distintos procesos de formación.

Era 1994 y era el inicio del camino. El comienzo de una aventura que probaría mi fe de un modo que nunca antes había experimentado. Porque no, las pruebas no siempre son para medir tus fuerzas o tu capacidad de resistencia. A veces, las pruebas son para medir el entendimiento que tienes para vivir lo que Dios te ha dicho, incluso cuando nada parece respaldarlo.

Desarrollas paciencia cuando esperas años lavando retretes mientras Dios moldea tu corazón para darle la forma que él anhela para ti.

Desarrollas valentía cuando aprendes a creer con los ojos cerrados que habrá un piso esperando por ti cuando te decidas a dar el paso sobre lo que parece ser un barranco infinito.

Aprendes a evitar ser tu peor enemigo cuando dejas de querer controlar todas las cosas y te ejercitas en ser dirigido por el viento cálido del Espíritu Santo.

Pero a veces, solo a veces... la humanidad se interpone en tus planes, y entonces corres el riesgo de olvidar todo lo que habías aprendido.

A veces, por estar tan atado a la realidad, puedes olvidar dar el paso de fe... o puedes no animarte a darlo...

Al pensar en Ucrania, yo sentía mi corazón arder en una llama inapagable de pasión, fuerza y compromiso. Pero, ¿cómo sería posible que la palabra se cumpliera?

Un golpe a mi espíritu.

Zacarías, así como yo, era un hombre que recibió una palabra específica de parte de Dios. Ambos fuimos avisados de que Dios haría un milagro en nuestras vidas. Algo que cambiaría nuestra situación. Algo tan grande que nos marcaría de por vida.

Y digo que fuimos avisados porque Dios no nos pide permiso para elegirnos. No nos pide permiso para llamarnos, para capacitarnos, ni para usarnos. Somos parte de su plan perfecto, y de a poco él nos atrae con lazos de amor incondicional, nos llama hijos suyos y nos muestra el camino.

¿Por qué, entonces, yo seguía dudando?

Otro golpe más.

¿Por qué seguía cuestionando las cosas si había sido testigo de lo que pasó en ese campamento misionero dos años atrás?

DIOS NO NOS PIDE PERMISO PARA ELEGIRNOS.

Un último golpe.

Quizá alguno de los chicos de aquel taller no había sido lo suficientemente claro, o había escuchado mal. Quizá no había estudiado geografía como se debe y se había equivocado de lugar.

¡Sí, claro! ¡Se había equivocado por 6.921 kilómetros de distancia!

Mi mente seguía teniendo dudas.

Y para empeorar esas dudas, el único vuelo que había conseguido para llegar a Rusia (y de ahí a Ucrania) era saliendo de México, haciendo una escala en Cuba, y partiendo de Cuba directamente hacia Rusia.

Irlanda no estaba en el itinerario.

Irlanda no estaba ni siquiera a la vista.

En mi defensa, podría decirse que nunca dudé de Dios. Dudé de la situación.

Es lo mismo, ya lo sé... Eso era lo más triste de todo.

Seamos sinceros. Es fácil creer cuando no hay nada que se interponga entre tú y la promesa que has recibido.

Es fácil creerle al pastor que predica en el congreso de jóvenes cuando suelta una palabra de parte de Dios para tu vida, pero es difícil seguir creyendo en esa palabra cuando regresas a tu casa y todo sigue igual que antes.

Es fácil creer en los milagros cuando vas a ir a un campamento en donde sabes que Dios se mueve sobrenaturalmente, pero es difícil vivir en esa sobrenaturalidad cuando regresas a tu rutina cotidiana.

Yo no me sentía culpable. Me sentía decepcionado de mí mismo.

Seamos sinceros: es más fácil creer en los milagros de Dios cuando las cosas se acomodan para que estos puedan suceder.

Y seamos sinceros: a veces nuestra humanidad tiende a interponerse en el camino.

¿Por qué? Si nuestro Dios es el mismo que puede darles vida a los muertos.

¿Por qué? Si nuestro Dios ha provisto para todas nuestras necesidades.

¿Por qué? Si hemos atestiguado su poder en nuestros tiempos.

¿Por qué? Si lo hemos visto sanar a nuestra familia.

¿Por qué? Si hemos sido llenos de su Espíritu Santo.

¿Por qué seguimos dudando?

¿Por qué...?

ES FÁCIL CREER CUANDO NO HAY NADA QUE SE INTERPONGA ENTRE TÚ Y LA PROMESA QUE HAS RECIBIDO.

No, las cosas no cambiaron.

Las cosas no se acomodaron.

El vuelo sería ese.

México, Cuba y Rusia.

Quizá Dios hablaba de otro viaje...

¿Cómo saberlo?

México, Cuba y Rusia.

Esa era la única forma de llegar a Ucrania.

Si un joven fuera capaz de creer que la ruta de su vuelo puede cambiar unos minutos antes de salir del aeropuerto parecería un loco, ¿verdad? Así como si un hombre fuera capaz de creer que su mujer anciana puede tener un hijo después de tantos años de no haber logrado concebir.

Lucas 1.13-15: *"pero el ángel le dijo: —¡No tengas miedo, Zacarías! Dios ha oído tu oración. Tu esposa, Elisabeth, te dará un hijo, y lo llamarás Juan. Tendrás gran gozo y alegría, y muchos se alegrarán de su nacimiento, porque él será grande a los ojos del Señor…"*

Yo entiendo la confusión de Zacarías. ¿Cómo no iba a tener miedo? ¡Era una locura! ¡Su esposa era estéril, anciana e incapaz de concebir y dar a luz a un hijo! De la misma manera, para mí era imposible creer que un vuelo ya programado, de la nada, cambiara de ruta.

Lucas 1.18: *"Zacarías le dijo al ángel:* —¿Cómo puedo estar seguro de que ocurrirá esto? Ya soy muy anciano, y mi esposa también es de edad avanzada".

¿Y cómo podría estar yo seguro de que ocurrirá lo que Dios me había dicho? Ya estaban comprados los pasajes, y la única ruta disponible para llegar a Rusia era esa.

Cree.

Bueno… supuse que a veces solo debemos avanzar por fe, aceptando y soltando todo lo que no está en nuestras manos cambiar…

Tomé mi maleta, me dirigí al aeropuerto, hice el check-in, pasé por seguridad, busqué mi sala de abordar y me senté a aguardar que mi vuelo saliera.

Vi acercarse a la puerta de embarque al avión en el que viajaría, me formé en la fila y comencé a abordar, todavía esperando que algo sucediera.

Cree.

Ya en el avión, el sobrecargo empezó a hacer la demostración de rutina, esa que parece coreografiada, mientras se escuchaban las indicaciones de seguridad.

¿Has notado que cada sobrecargo tiene una forma particular de hacer esa demostración? Al menos eso dice un gran amigo mío, mi yerno. Él disfruta de la técnica, y aun de creatividad, *del personal para ejecutar esa pequeña pero tan importante labor. Mi hijo, en cambio, prefiere ir viendo por la ventana, preparándose para caer dormido en cualquier momento, siempre y cuando el avión no se encuentre con turbulencias.*

En fin, volvamos al tema.

De nuevo, las cosas no cambiaron.

Gracias a Dios el vuelo fue bueno. Llegamos a Cuba, y solo quedaba esperar para abordar el siguiente vuelo. Ese que nos llevaría directo a Rusia.

El proceso fue similar. Busqué la sala de espera para mi siguiente vuelo, aguardé un rato, vi al avión llegar, esperé otro poco más y comenzamos a abordar.

Ya dentro se repitió lo mismo. El personal sobrecargo comenzó a hacer su demostración y en algún momento, antes o después, se escuchó la voz del que debe haber sido el copiloto, diciendo:

—Bienvenidos a este vuelo de conexión hacia Rusia.

El avión despegó, y claramente ya no había nada que hacer. Iría a Ucrania, sí. Pero no pasando por Irlanda como el Señor me había dicho en ese congreso misionero.

Cree.

Pasó un rato, y de repente se sintió un poco de turbulencia.

Luego otro poco.

Luego el avión se sacudió.

Y luego el capitán del avión nos dirigió un mensaje bastante alarmante. Uno de esos que hace que veas pasar tu vida en cámara rápida delante de tus ojos.

—Estimados pasajeros... Queremos informarles que debido a una falla en uno de los motores del avión, nos veremos en la necesidad de desviar nuestro vuelo hacia el destino más cercano para poder corregir esa pequeña avería...

¡¿Avería?! ¡¿El destino más cercano?! ¡¡Pero si estamos en medio del Océano Atlántico!!

El capitán continuó:

—Aterrizaremos en el aeropuerto internacional de Shannon...

¿Shannon? ¿Dónde queda Shannon?

¡Oh, ya déjalo terminar por favor!

—Aterrizaremos en el aeropuerto internacional de Shannon, **IRLANDA.**

¿Irlanda? ¡¿Dijo Irlanda?!

¡¡Creo que sí!!

¡¡¡Irlanda!!!

¿Acaso tú dudaste?

¿Quién? ¿Yo? ¡Nooo, yo jamás dudé!

¿Estás seguro?

Okey, tal vez dudé un poco...

TAL VEZ EN ALGUNA PARTE DEL CAMINO TE SIENTAS CONFUNDIDO, PERO NO TENGAS MIEDO, PORQUE EL SEÑOR LO TIENE TODO PLANEADO.

Bueno, después de todo, Elisabeth, la esposa de Zacarías, concibió milagrosamente a un hijo, quien no solo llegaría al mundo como muestra del poder de Dios, sino que más tarde sería el encargado de abrir el camino para que el Hijo del Hombre comenzara la misión que nos daría salvación, nombre, apellido y un hogar permanente.

Shannon, IRLANDA...

Este era un lugar que llevaba apenas un par de años siendo considerado una ciudad. Un lugar desolado, con alrededor de 2.097 habitantes en ese entonces. Un aeropuerto del que nunca antes había escuchado hablar, ni siquiera en mis búsquedas sobre aeropuertos del mundo...

Debes saber que si le dices que sí a Dios, te enfrentarás a mil quinientos momentos como los que yo he atravesado, pues cuando Dios tiene planes para ti, el león rugiente busca cómo robarte tus sueños, matar tus esperanzas y destruir tanto tu pasión como tu decisión de seguir adelante.

Para serte sincero, probablemente sean más de mil quinientos momentos.

Tal vez en alguna parte del camino te sientas confundido, pero no tengas miedo, porque el Señor lo tiene todo planeado.

Tal vez en alguna parte sientas dudas.

¿Y cómo puedes vencer las dudas?

Es mucho más fácil de lo que imaginas.

La palabra de Dios nos dice que antes de que el ángel Gabriel se presentara con la noticia de la concepción de su hijo, Zacarías se encontraba *sirviendo* a Dios mientras que la gente fuera del templo no dejaba de *orar*. ¡Pues ahí está la receta!

1. *Sirve* al Señor con todo tu corazón, y avanza sin

importar que delante tuyo haya una pared que sientas que fue diseñada para detenerte.

2. *Ora* sin cesar, y haz que tu espíritu se ejercite, se fortalezca y permanezca siempre en contacto con el Espíritu de Dios.

Y no, no te mortifiques si en el camino sientes miedo, o incluso si tienes dudas como las tuvo Zacarías. Él tenía enfrente al mismísimo ángel Gabriel, y aun así se llenó de temor, tanto que el ángel tuvo que calmarlo.

ORA Y SIRVE SIN DETENERTE POR NADA, Y ENTONCES HARÁS DEL AMBIENTE ESPIRITUAL TU AMBIENTE NATURAL.

No se trata de volverse un inmaculado. No se trata de convertirse en un ser mágico que deja atrás su humanidad para volverse perfecto. Se trata de estar listo para responder con decisión cuando Dios te pregunte: "¿Te atreves a caminar conmigo?"

A mí me costó trabajo entenderlo, sobre todo al principio.

A fin de cuentas, seguimos siendo humanos. Redimidos, aceptos y amados por el Padre eterno, pero imperfectos.

Cuando comienzas, quieres hacer de todo para Dios, y

quieres hacerlo todo perfecto. Es absolutamente normal querer alcanzar la perfección desde el momento cero... Sin embargo, debemos ser perfeccionados, transformados, moldeados y capacitados por el Señor *durante* el camino. No antes, no después.

Con el correr de los años vas entendiendo que esta es una carrera que necesita tiempo, ¡justo como los bebés que son formados en el vientre de sus madres! Ellos ya están, existen, son... pero sigue siendo necesario que pasen un tiempo de soledad, intimidad, crecimiento y maduración para que luego puedan salir al mundo y desenvolverse bien allí.

Ora y sirve sin detenerte por nada, y entonces harás del ambiente espiritual tu ambiente natural. Vivirás caminando sobre el agua, sobre las mareas de temores, sobre el océano de la incertidumbre y sobre la laguna de las dudas, superándolo siempre todo en victoria.

Oh, ¿quieres saber qué pasó después?

¡Aterrizamos en Irlanda! Nos transfirieron a otro vuelo, hicimos nuevamente la fila, abordamos y vimos otra vez la misma demostración. Recuerdo que yo estaba en mi asiento esperando que el avión terminara su recorrido por la pista para despegar, cuando de repente me invadió un profundo sentimiento de alegría, de consuelo, de perdón, de paz y de expectativa por ver todo lo que Dios estaría preparando en Ucrania.

Luego me vino a la mente otra vez el taller en aquel

campamento misionero, y me pregunté qué habría pasado con los niños de la visión... esos que vestían de blanco y saludaban desde abajo... En otro momento de mi vida yo hubiera pensado que la persona que me lo había dicho tal vez no había escuchado bien la voz de Dios... Pero ese día, lleno de fe por lo que acababa de pasar, decidí creer que si Dios era capaz de alterar un vuelo ya comprado para que pasemos por donde él había dicho que pasaríamos, también sería capaz de hacer que, si yo volteaba a mirar en ese momento, los niños aparecieran de la nada.

NO LE TENGAS MIEDO A EQUIVOCARTE, TENLE MIEDO A NO MOVERTE.

Entonces giré mi cabeza hacia la ventana del avión... ¿y qué crees?

¡Ahí estaban los niños!

Resulta que a pocos kilómetros del aeropuerto, justo en la dirección en la que íbamos, había una escuela primaria. Y bueno... un grupo de niños salieron corriendo de sus salones, supongo que porque escucharon el ruido del avión, y todos comenzaron a saludar hacia el cielo para despedirnos. Pude ver sus manitas levantadas sacudiéndose y, aunque no se llegaba a ver tanto detalle, pude adivinar sonrisas en sus rostros... Mi rostro también se iluminó con una gran sonrisa en ese momento, pues aunque no lo sabían, tanto ellos como yo estábamos siendo parte del cumplimiento de una promesa de Dios.

Me quedé pensando en los niños... Podemos aprender mucho al observarlos. Porque de la misma forma en que los niños crecen, así lo hace nuestro llamado.

Así como los niños tienen sus tropiezos, así los tendremos nosotros en el camino.

Así como a los niños lloran al enfrentar distintas circunstancias de la vida, así se romperá nuestro corazón, por una de estas dos razones: por dolor o por atestiguar la gracia de Dios a cada paso que damos.

Así como los niños aprenden a hablar por medio de la imitación de sus padres, así nosotros tendremos que aprender a hablar imitando y abrazando las palabras de nuestro Padre eterno.

Así como los niños van dejando la leche materna poco a poco para adentrarse en el mundo de la comida sólida, rica y llena de sensaciones nuevas, así tendremos que aprender a dejar de alimentarnos con la Palabra una vez a la semana, y comenzar a alimentarnos con un apetito voraz por saber todo lo que Dios tiene para decirnos.

Es normal escuchar que debemos esperar los tiempos perfectos de Dios, y eso es cierto... ¡vaya si es cierto!

Es verdad que debemos ser sensibles, callar nuestra mente para escuchar su voz y esperar...

Pero creo que el error está en que a veces pensamos que esa espera debe ser como la clase de espera que nuestra madre nos hacía tener, envueltos en una toalla, mientras aguardábamos que ella nos cambiara de ropa justo después de darnos un baño.

Quietitos...

Inmóviles...

Esperando...

¡Sin embargo, ese es uno de los errores más grandes que podemos cometer en la vida cristiana!

Déjame darte un consejo:

¡Espera, sí! ¡Pero espera activamente!

Aprende idiomas, prepárate y da pasos de fe, para que cuando escuches el reclutamiento de Dios a sus tropas misioneras tú te encuentres listo y capacitado.

Soldado, ¡pon de tu parte! Entrena, busca, comienza a tener una disciplina, conoce a quienes luego podrán ser tus colaboradores, haz amistad con personas que laten junto con Su corazón, conoce la nación a la que sueñas ir y sus necesidades, ¡empápate de lo que sea que sea tu llamado!

Busca crecer en la iglesia. Lee la Palabra, tómala como una verdadera espada, llévala contigo, no en las manos, sino en el corazón. Ámala, vívela y compártela. Esfuérzate por que tu vida sea una página escrita por Dios, sabiendo que tal vez será la única página que muchos alcancen a leer.

Y decídete: ¿frío o caliente?

Puedes elegir, pero nunca te quedes en medio.

¡Nunca seas tibio!

No le tengas miedo a equivocarte, tenle miedo a no moverte.

No le tengas miedo a lo que hablarán de ti, tenle miedo a ser una voz callada y olvidada.

No vivas en el mañana, vive como un loco capaz de hacer cualquier cosa por la persona que más ama.

Vive de tal manera que el aroma de tu vida sea una fragancia magnífica para Dios.

Vive de tal manera que tu vida sea un SÍ para Dios, incluso antes de que él te pregunte: "¿Te atreves a venir conmigo?".

¿Recuerdas lo que hablábamos de los niños? Cuando eres un niño, a medida que vas creciendo, también lo hacen tus caídas, tus raspones y tus cicatrices. Y lo mismo sucede cuando te decides a servir a Dios...

Algunas cicatrices vendrán por trepar a los árboles tratando de alcanzar una manzana jugosa, otras serán por el fuego que perfeccionó tu corazón, otras porque te caíste de tu patineta tratando de aprender a saltar con ella, y otras cuantas serán porque caíste cometiendo un error. Habrá también otras más, que vendrán por los arbustos espinosos que tendrás que atravesar en este arduo trabajo que es hacer misiones.

Aprende a amarlas y a hacer de ellas un mapa que muestre

todos los lugares en los que has estado durante tu camino de preparación y servicio.

Muéstrate dócil, flexible y dispuesto. Practica la paciencia, y nunca dejes de mirar al Señor. Recuerda que la paciencia y la disposición son esenciales para poder desempeñar correctamente la encomienda que Dios te ha confiado. Hay un secreto más, sin embargo, y es el dominio propio. Esta es la capacidad de controlar tu comportamiento y tomar decisiones correctas en cualquier circunstancia, incluso cuando las emociones no sean buenas consejeras.

Paciencia...

Dominio propio...

Incluso cuando las emociones no sean buenas consejeras...

Y si acaso piensas que tu paciencia ya ha sido probada lo suficiente, aguarda hasta que tengas que compartir un cuarto de hostal (porque no, los hoteles lujosos no están incluidos en este trabajo) con un grupo de jóvenes que no lavan sus calcetines, no cepillan sus dientes y entre los que nunca falta el chico que ronca cual león toda la noche.

Cree, y si piensas que ya lo tienes todo preparado, prepárate para que Dios cambie tu itinerario completamente, y para que altere tus vuelos, tus horarios, tus planes y absolutamente todo lo demás...

Cree, y prepárate para lo inexplicable, para conocer cómo

es enfrentarte a un vaso medio vacío, y para ser testigo de cómo Dios lo llena todo.

Cree, y no esperes inmóvil.

Vive actuando.

Actúa mientras esperas.

Y espera mientras le oyes.

CAPÍTULO

EL OTRO LADO DE LA MONEDA

Sí... es verdad. Existe un lado completamente opuesto en la moneda de las misiones. Un lado que es poco conocido y del que casi no se habla. Ese que se esconde detrás de esas fotos de un minuto que se comparten en las redes sociales... Porque no, no se trata de vacaciones. Esas fotos muchas veces se reducen a posar por un momento y después seguir haciendo tu labor.

Digo, en caso de que te lo preguntaras...

Sí, hay un lado que nadie quiere ver. Un lado que todo el mundo intenta fingir que es inexistente. Es el lado que implica poner en riesgo tu vida terrenal, tus deseos, tus metas, tus sueños y aun tu familia.

Con todo lo que te conté, ya tienes algo de contexto y sabes cómo fueron forjados mis comienzos como misionero... A lo largo de estas páginas has conocido la mente de un joven aventurero y apasionado que decidió creerle a Dios con todo lo que es y con todo lo que tiene, sabiendo que su Padre supliría todas sus necesidades, que lo acompañaría en sus aventuras más locas y que compartiría con él los planes que gesta en Su corazón.

Para serte honesto, ¡nunca pensé que llegaría a cumplir mi sueño de escribir un libro! Sin embargo, ahora estamos sentados tú y yo compartiendo una deliciosa taza de café... (o al menos yo hago eso mientras releo estas líneas a la par que tú).

A partir de ahora, quiero llevarte en una línea de tiempo con dirección hacia el futuro.

Quiero compartirte lo que hay en mi mente, que también ha evolucionado y se ha transformado con el paso del tiempo.

Experiencias como el ser encarcelado, pasar hambre o saltar por un acantilado completamente a ciegas, no han sido las más difíciles, ni las más tristes, ni las más duras... Créeme, los retos han sido muchos. Atravesé tiempos de escasez económica, de incertidumbre, de miedo, de pérdidas, de destrucción. Pero siempre seguí adelante confiando en el Señor. Y Él nunca me ha defraudado.

¿Recuerdas la historia de cómo en Ucrania pasé de la falta de recursos a la multiplicación milagrosa de los mismos? Pues esa no fue la única vez que me sucedió...

Cuando decidí empezar a trabajar como movilizador de jóvenes a las misiones, formamos un grupo de jóvenes para ir a servir todos juntos en Ucrania. Era un conjunto muy vivaz de jovencitos, todos llenos de pasión y de ganas de emprender esta misión de parte de Dios para sus vidas. ¡Realmente estaban preparados para decirle sí a lo que fuera!

—Prepárense —les dije—, ahorren con anticipación, para que puedan comprar sus vuelos.

Todos asintieron.

Pasó un mes.

—Chicos, recuerden que faltan pocos meses para el viaje —les recordé—. No olviden ahorrar. Es importante para que nadie se quede sin su pasaje de avión.

Todos asintieron.

Pasaron dos meses más.

—Chicos, ¿están listos? Falta poco para comprar los vuelos.

Todos asintieron.

El tiempo siguió pasando.

Llegó el día.

Y yo no tenía un centavo.

¡Realmente yo había utilizado mi tiempo de forma correcta durante esos meses, y me había esforzado, pero era como si todas las puertas se me hubieran cerrado!

LA CLAVE ES ESTA: TÚ ELIGES QUÉ VOCES QUIERES ESCUCHAR.

No tenía trabajo.

No tenía dinero.

¿Recuerdas *a mi familia? Ellos seguían viviendo a lado de la iglesia. Pero ellos tampoco tenían dinero.*

Esa era la realidad.

Yo no podía pagar ese vuelo.

Pero Dios me había dicho que iríamos.

Así que hice mis maletas.

Las subí al auto.

Y me dirigí hacia el aeropuerto.

No es sorpresa para ningún misionero lo que voy a decirte ahora, pero tal vez para ti sí lo sea: existen y siempre existirán voces de personas que cuestionarán absolutamente *todo* lo que haces, y la forma en que lo haces también.

En mi caso, han llegado a mis oídos frases como: "Se debe estar robando el dinero de la congregación", "De seguro tiene mucho dinero y decide presumirlo con tantos viajes", o "Es imposible que alguien pueda viajar tanto".

Sin embargo, nada de esto es cierto. No ha habido viaje en el que Dios no me sorprendiera haciendo aparecer un fajo de billetes en el bolsillo de mi pantalón (o algo similar).

La clave es esta: tú eliges qué voces quieres escuchar.

En mi caso, yo elijo la de Dios. Elijo la voz que me dijo que no debía temer, y la que me dijo que iría a las naciones aun cuando los dedos del pie se me salían de los viejos y destruidos zapatos que tenía.

Yo decidí creerle a esa voz que me impulsó a ser mejor y me enseñó a tener una espera activa. Le creí porque Él creyó en mí cuando nadie más lo hacía. Le creí porque me mostró las marcas en sus manos como prueba de su amor.

Le creí a ciegas, y no me defraudó. Nunca lo hizo.

Yo me acerqué a Jesús del mismo modo que Natanael, ese que luego sería elegido para ser apóstol de Jesús… me acerqué sin estar seguro de quién era él en realidad…

Yo me acerqué a Jesús con dudas.

Natanael también se acercó con dudas. Pero Jesús le dijo: *"… —Pude verte debajo de la higuera antes de que Felipe te encontrara"* (Juan 1.48), y entonces él supo que estaba frente al Mesías. Así, sin más. Sin señales de fuego ni palabras milagrosas.

LE CREÍ PORQUE ME MOSTRÓ LAS MARCAS EN SUS MANOS COMO PRUEBA DE SU AMOR.

"Pude verte debajo de la higuera…"

Solo eso.

Jesús lo vio y a partir de ese encuentro Natanael decidió caminar junto a él.

¿Y a mí…? A mí Jesús pudo verme en el fondo de esa iglesia, que hasta hoy sigue siendo mi casa espiritual y el lugar en el que sirvo.

Jesús me vio cuando nadie más me veía, y me llamó por mi nombre.

Jesús me vio, y a partir de ese encuentro yo también decidí caminar con él.

Y eso es lo que hago hasta el día de hoy.

Camino con Jesús y me uno a él en sus planes fuera de serie. Camino con Jesús, en este caso, hacia el aeropuerto... sin tener dinero para mi pasaje.

Dios me había dicho que iríamos.

Así que hice mis maletas.

Las subí al auto.

Y me dirigí hacia el aeropuerto.

(íbamos por esa parte del relato, ¿verdad?)

Llegamos. Todos los demás chicos tenían listo su dinero, así que nos acercamos a los mostradores de la aerolínea escogida. Éramos quizá unas trece personas en total, poco más, poco menos. Los chicos del grupo iban pasando de uno en uno para comprar sus boletos. Yo estaba atrás de todo, último en la fila, un poco nervioso, y a la espera de que Dios hiciera lo suyo.

Pasó uno.

Luego el otro.

Uno más.

Las manos me sudaban.

Pero estaba confiado.

Ya faltaban solo dos chicos antes que yo, y justo cuando estaba a punto de tener miedo de no lograrlo...

—¡JC, amigo! ¿Qué estás haciendo aquí?

Un viejo amigo mío apareció de la nada, supongo que llegando o a punto de salir en un viaje de negocios. Al menos su traje, su portafolios y su pequeña maleta me indicaban eso.

Yo estaba nervioso, y mi cerebro no tenía activa la sección social en ese momento... Supongo que había decidido enviar las reservas de energía hacia el área de la confianza.

TU LUGAR DE SERVICIO ESTÁ EN DONDE DIOS TE PONGA

(si eres doctor o neurólogo, por favor imagina que no acabo de decir eso).

—¡Hey! —dije, haciendo un intento por ser simpático a pesar de mis nervios— ¡Ha pasado mucho tiempo! Estamos aquí porque nos vamos de viaje misionero... Nos dirigimos a Ucrania.

Entonces su rostro se entristeció. Un destello de anhelo atravesó sus ojos, opacado por una pizca de lamentación.

—¿Sabes qué? Yo siempre quise acompañarte a uno de tus viajes misioneros, pero el trabajo y las cosas por hacer me lo impidieron...

Otro de los chicos pasó. Mi turno era el siguiente.

¿Qué tienes pensado, Dios?

—En verdad lamento no poder ir, JC... —continuó mi amigo—, pero si no van mis pasos...

Ya era mi turno.

—¡Que vayan mis pesos!

Y me entregó un fajo de billetes sin siquiera contarlos.

Mis ojos se agrandaron, en una mezcla de sorpresa y asombro.

Tomé en la mano los billetes.

—Dame un momento por favor...

Me di la vuelta, miré a la señorita de la aerolínea, y le dije:

—Quisiera un boleto por favor.

¡Lo que mi amigo me había entregado fue exactamente lo justo y necesario para que yo pudiera comprar mi pasaje! ¡No podía creerlo! ¡¿Sabes cuán improbable es eso?!

Antes de embarcar, me despedí de mi amigo con un fuerte abrazo y un enorme "GRACIAS" que abarcaba toda la gratitud que yo estaba sintiendo en ese momento.

Dios me había sorprendido una vez más, pero también me había enseñado algo muy importante...

Joven, si tú has sido llamado por Dios para ser su misionero a las naciones, ¡entonces atrévete a seguir ese llamado! Tómalo, arrebátalo, capacítate, estudia y luego deléitate en ver todo lo que Dios puede hacer a través tuyo.

Joven, si Dios te ha diseñado con un talento para los negocios o para una profesión determinada, ¡entonces atrévete a seguir ese llamado! Tómalo, arrebátalo, capacítate, estudia y luego deléitate en ver todo lo que Dios puede hacer a través tuyo.

A veces limitamos nuestra mente a creer que solamente podemos servir a Dios trabajando de tiempo completo en la iglesia, y pensamos que si alguien tiene un trabajo normal está fallando a su llamado.

¡Gran error!

Dios no es un Dios limitado. Él es un Dios omnipotente, todopoderoso y omnisciente.

Tu lugar de servicio no solo está en la iglesia, en algún congreso cristiano o en las naciones; tu lugar de servicio está en donde Dios te ponga, ya sea en empresas, negocios, dando clases, investigando, sirviendo en el sector de salud o en cualquier otro lugar.

Tu lugar de servicio está en cualquier lugar donde puedas enseñar a otras personas lo que el amor de Dios realmente es, sin importar que sea de forma directa o indirecta.

Tu lugar de servicio está en cualquier puesto desde el cual puedas amar, perdonar, enseñar y atraer a las personas hacia Dios.

Tu lugar de servicio está en ser parte de su cuerpo.

Allí está mi lugar.

Allí está también el tuyo.

Somos un solo cuerpo, cada uno haciendo su parte.

Dios nos ha colocado en distintos lugares por distintas razones, pues así es como funciona el cuerpo.

Y juntos trabajamos para servirle y para agrandar su Reino.

CAPÍTULO

NO APTO PARA PERSONAS IMPRESIONABLES

Déjame contarte sobre otra de las ocasiones en las que mi vida estuvo en riesgo, y no precisamente porque tuviera un arma apuntando a mi cabeza...

Por cierto, te recomiendo no leer esta parte si estás comiendo, o si estás tomando una taza de café con leche.

Dios me ha permitido experimentar todo tipo de cosas en mis viajes por distintas partes del mundo. He comido cucarachas, alacranes, víboras, serpientes, perro, tarántula, rata, feto de pato directamente del huevo e incluso murciélago. Así que, sí... Creo que podría decirse que tengo un estómago fuerte.

Y creo que esto viene incluso desde que era bebé, ya que solía comerme los regalos redondos y de color café que me dejaban mis amigos los borregos. También mi madre me contaba que en los pañales encontraba trozos de trapos y telas que yo me comía por curiosidad. ¡Ah, y casi me olvido! De pequeño yo tenía un compañero de bebida. No se asusten, era mi amigo, el perro, que me acompañaba en mis cálidas tardes de bebida de biberón. Como buenos amigos, solíamos compartirlo. Yo le daba un sorbo a mi deliciosa leche, y después le pasaba el biberón a él para que no se quedara con las ganas.

En fin, volviendo al relato... A pesar de lo preparado que me sintiera yo por haber probado las extrañezas culinarias de cada rincón del mundo, hubo algo que por primera vez me hizo sentir miedo de estar cerca de una muy dolorosa muerte...

Yo me encontraba en medio de un viaje misionero. Había ido por primera vez a la India, lugar que, por cierto, es como un mundo paralelo al nuestro. Recuerdo ver una pobreza impresionante. Había gente muerta en las calles, las banquetas eran utilizadas como inodoros, las vacas y los burros caminaban libremente en medio de los vehículos causando un tráfico terrible y las ratas corrían de un lado al otro en cantidades exageradas sin que nadie se alarmara, como si de hormigas se tratase. Puesto que en India los animales son sagrados y está estrictamente prohibido matarlos (debido a que, según sus creencias, podría tratarse de un familiar que reencarnó en alguno de los seres peludos que caminan por ahí), lo mínimo que pueden hacer los humanos es mantener una tregua con ellos. Te dije que era distinto a todo lo que conocemos, ¿verdad?

Al llegar fui recibido por los pastores anfitriones junto con un grupo de misioneros de distintas partes del mundo, como Argentina, Chile y Estados Unidos, entre otros.

Nos sentaron a la mesa y nos ofrecieron de comer.

La convivencia era fantástica. Todos compartíamos grandes experiencias y la charla iba de maravilla, hasta que le pregunté a la misionera de Argentina si no nos acompañaría a comer, puesto que no habían puesto un plato frente a ella.

—Acaba de tener una cirugía —alguien respondió por ella—. No le será posible.

—No comprendo, ¿qué le sucedió? —pregunté sorprendido.

—Escucha —me dijo otro misionero—, algo que nunca debes hacer aquí es tomar o comer algo que contenga leche de búfala. Ella lo hizo, y debido a las terribles bacterias que contiene esa leche, tuvo una infección. Los cirujanos tuvieron que retirarle los dientes y limar parte del hueso de su encía para tratar de rescatar su boca.

¡Gran manera de comenzar un viaje misionero por el único país que le agrega leche de búfala a casi todos sus alimentos!

Yo no comprendía el problema. Incluso recordaba haber visto que la leche de búfala se vende en el área "fit" de los supermercados en México. Nunca la había probado porque no se me hacía de lo más atractivo ni delicioso, pero era muy común verla en las estanterías y nadie se alarmaba. ¿Qué tenía de diferente *esa* leche de búfala que yo veía en México con *esta* leche de búfala?

Bueno, pues los misioneros me explicaron que las personas más pobres en la India suelen ir a los ríos, sacar a las búfalas que están ahí y ordeñarlas sin ninguna clase de higiene previa. Me contaron también que guardaban la leche en bolsas plásticas, evidentemente sucias, y la llevaban así a los expendios para venderla. Lo que sucede es que los "ríos" en donde viven las búfalas son en realidad cuerpos de agua estancada, y allí terminan los deshechos de todas las tuberías de la ciudad. Allí también lanzan los restos de las personas que no terminaron de ser calcinadas en las fosas comunes. No hace falta aclarar lo terrible que es esto desde el punto de vista de la salud de la población...

También me contaron de un pastor misionero que recientemente había consumido esa leche y, debido a las mismas bacterias, había quedado cuadripléjico.

Lo sé, muy alentador para un recién llegado, ¿verdad?

¡Al menos me quedó completamente claro que no debía involucrarme de ninguna manera con ese producto!

En fin, después de aquel primer encuentro comenzamos a trabajar arduamente en las pequeñas iglesias de alrededor. Algunas de ellas estaban ocultas debido a una persecución latente hacia los cristianos. No mucho tiempo atrás había habido una masacre inmensa (obviamente extraoficial) de pastores cristianos en la India, y... ¿adivinen qué? ¡La iglesia de las personas que me habían invitado era la misma iglesia subterránea en la que había sucedido la masacre!

Por eso, las personas de la iglesia me pidieron que, al compartir mis mensajes en las pequeñas reuniones secretas, evitara decir palabras como Jesús, Biblia, cristianos, etc. Tenía que reemplazarlas por palabras como: el camino, padre, hermanos, etc. Tú me entiendes... básicamente palabras que disimularan que estábamos en una reunión cristiana, por si acaso hubiera algún infiltrado entre nosotros, o por si alguien lograba escuchar lo que decíamos desde el exterior.

Nadie se tomaba estas medidas de seguridad como un juego, y los comprendo absolutamente. Es más, recuerdo que cuando pasaron por mí en una moto para ir a la iglesia, tomamos un camino especial, atravesando pequeños túneles y calles desoladas...

Dadas las circunstancias, había que evitar a toda costa la posibilidad de ser seguidos o investigados con respecto a dónde íbamos.

Durante los días que pasé allí tuve la oportunidad de hablar con los pastores, ayudar a capacitar a los líderes y compartir con la iglesia un par de reuniones, siempre honrando a Dios y agradeciendo por la valentía de estos increíbles guerreros suyos. El tiempo trascurrido fue maravilloso y la presencia de Dios fluyó de una manera asombrosa. Lo que realmente me angustió durante ese viaje fue el ver cómo era el diario vivir en ese país...

Los que vivimos en otras partes del mundo conocemos las reservas naturales completamente hermosas, y las zonas exageradamente caras a las que viajan los artistas, políticos y personas de influencia, pero me atrevería a decir que todo eso es un telón que esconde la miseria y las carencias que sufre la gente en India.

La vida cotidiana es una locura... Por algo no he llevado a jóvenes en misión a ese lugar, pues realmente es complicado y considero que se necesita una gran preparación para que toda la suciedad, la contaminación, y los restos de personas distribuidos en la calle no tomen por sorpresa a tus defensas. No exagero al decir que cuando me sonaba la nariz (por sentir algo de tierra en ella) lo que sea que saliera era de un color marrón intenso debido a tanta contaminación.

Pero eso no es todo... Siempre que pienso en India me viene a la memoria una vez que con mi familia visitamos la casa de unos amigos nuestros que en ese entonces vivían en Guadalajara. Cenamos con ellos y luego estuvimos un rato conversando felizmente, hasta que notamos que su gato y uno de sus perros comenzaron a corretear como buscando algo entre los rincones de la casa. Resultó ser un pequeño ratoncito como esos que venden en las tiendas de mascotas, tan tiernos e indefensos... Sin embargo, cuando nos percatamos de su presencia, los hijos de mi amigo se preocuparon y mi hija se subió inmediatamente a la silla en la que estaba sentada, al igual que la esposa de mi amigo. Mi hijo, al parecer, era tan pequeño que no comprendía la situación, y mi esposa se concentró en que mi hijo no se asustara, o al menos no más que ella. No me los puedo imaginar a todos ellos pasando un día en la India, donde los roedores son sagrados y tienen templos propios, y en donde las personas consideran que beber la misma leche de la que las ratas han tomado es un acto de honor y respeto. Sería bastante interesante ver cómo reaccionarían a eso...

Pero volviendo a mi relato de cómo es la vida cotidiana en India, nos encontramos con los puestos de comida, que son unas cuarenta y cinco veces más sucios y desagradables que los que se ven en los videos virales que puedes encontrar en Internet. Ahí las personas de castas más bajas preparan comidas extrañas y llenas de condimentos, con las mismas manos sucias con las que se limpian su sudor, alejan a las ratas y se toquetean los pies por dentro y por fuera de los espacios entre los deditos. Recuerdo, además, que la mayoría de los vendedores tenían las uñas largas, negras y filosas.

Estos puestos de comida, sumados a la suciedad de las calles, a la cantidad de animales sueltos y a la contaminación, generan un ambiente bastante difícil de soportar para quien no está acostumbrado. Lo cual me lleva a pensar en otro ejemplo. No sé a qué fenómeno se debe, pero es sabido que cuando una mujer se embaraza adquiere superpoderes que la ayudarán a desempeñar el rol de madre de una forma excepcional. Uno de ellos es el superpoder del olfato. He sabido de casos de mujeres que, al embarazarse, se volvían capaces de detectar olores imperceptibles para la nariz de un ser humano normal. Y lo más extraordinario es que muchas conservan este poder aun después de haber dado a luz. Bueno, lo que quiero decir es que tampoco me imagino cómo haría una mujer en ese estado para irse de misión a esta parte del mundo. Definitivamente, no es fácil para nadie...

"... DONDE ABUNDÓ EL PECADO, SOBREABUNDÓ LA GRACIA".

Y esto sin hablar del ambiente espiritual y de la guerra que se lleva a cabo cada día, en cada momento y en cada lugar. Imagina ocho religiones distintas (contando solo las más conocidas) y más de trescientos millones de deidades en conjunto... Imagina un mundo dentro de otro mundo dentro de otro mundo completamente distinto, en donde la realidad colisiona con una ficción descabellada, y esta con un mundo espiritual en donde las tinieblas han adquirido un terreno bastante considerable.

Sin embargo, como dice Romanos 5.20 (NVI): "*... donde abundó el pecado, sobreabundó la gracia*".

Cuando llegó el último día de mi viaje, junto con un pastor del que me había hecho amigo fuimos a orar por milagros en un hospital. Un hospital que parecía salido de una película de terror. Estaba casi abandonado, las paredes parecían a punto de caerse y los pasillos tenían esas luces que se prenden y apagan por voluntad propia. Por alguna razón, recuerdo que las paredes eran verdes, pero no un verde alegre... eran más bien una mezcla entre verde, azul pálido y gris. Recuerdo también ver camillas dentro y fuera de las habitaciones, algunas ocupadas y otras cuantas vacías.

Entramos en algunos de los cuartos y oramos por varios de los pacientes internados, la gran mayoría adultos mayores y personas de castas muy bajas.

Íbamos de habitación en habitación, nos presentábamos como visitantes y orábamos, ya sea en español, en el idioma local o en un inglés muy sencillo (pero que era suficiente para aquellos que sabían comprenderlo). Algunos de los pacientes reconocían a mi amigo el pastor por sus visitas anteriores y lo saludaban con felicidad.

Luego de varias horas que transcurrieron así, ya estábamos muy cansados. El sudor se pegaba a nuestra piel, a nuestra ropa y a todo lo que tocábamos. A nuestra ropa sucia, rota al borde de lo inservible, sudada, maloliente y calurosa. Este definitivamente es un lado de la moneda bastante incómodo, pero era irrelevante comparado con lo que Dios nos estaba permitiendo hacer.

Sin embargo, estábamos realmente cansados y no habíamos comido en mucho tiempo.

Tampoco habíamos conseguido agua para beber.

Hacía calor.

Demasiado calor.

Empezamos a arrastrar los pies.

Y de pronto, la carga de todo el cansancio físico que llevaba acumulado me cayó de repente como una bofetada. Todo me daba vueltas. La cabeza la había dejado de sentir hacía ya varias horas. Me sentía muy mal.

Entonces me vino a la mente el pensamiento de que en unas pocas horas estaría camino al aeropuerto para iniciar mi regreso a casa, haciendo escala en Dubái. ¿Quién diría que a tan solo un par de kilómetros de distancia las cosas serían tan distintas? En Dubái me esperaba un baño con agua, lavamanos y jabón... ¡precioso y nunca tan apreciado jabón! En ese momento me arrepentí de todas las veces que no me había lavado las manos después de ir al baño cuando tenía trece años... Quizá eso me hubiera ayudado a estar un poco más limpio ahora...

¡Eso no tiene nada de lógica!

Lo siento, estoy cansado. No puedo pensar bien.

En verdad, probablemente me encontraba al borde del desmayo debido a la deshidratación prolongada y al calor agotador que mi cuerpo estaba soportando.

Pensé en agua... pensé en tomar... y, por alguna razón, pensé también en la leche de búfala. En ninguno de los días de mi estancia me había expuesto a la leche de búfala, ¡y eso sí que era un alivio! La idea de tener que ser operado para que me retiraran los dientes y parte de la encía no me hacía nada de gracia. En lo absoluto.

De alguna forma me esforcé por concentrarme en otras cosas para distraerme de todos estos pensamientos. Miré a mi alrededor. No tenía idea de qué hora era, pero ya no había nada de luz solar. El hospital pronto guardó silencio. Apenas podíamos escuchar los ruiditos de las máquinas a las que los pacientes estaban conectados, y el llanto de los bebés que se encontraban internados allí.

Decidimos entrar a una última habitación antes de que me acompañaran al aeropuerto para concluir mi misión.

Allí había un pequeño niño. Estaba dormido y conectado a muchos aparatos por todas partes, desde la cabeza hasta los pies. Yo comencé a orar por él...

¿Te puedo ser muy sincero? *Creo que ya estamos más que en confianza.*

¿Alguna vez oraste por los alimentos sin ganas? No me refiero a no tener ganas de agradecerle a Dios. Me refiero a esas veces en las que estás tan pero TAN cansado, que el solo hecho de pronunciar palabras te da pereza... Bueno, a mí me sucedía algo parecido en ese momento.

—Señor, te pido que estés moviéndote sobre su necesidad... —y puse mi mano sobre su bracito.

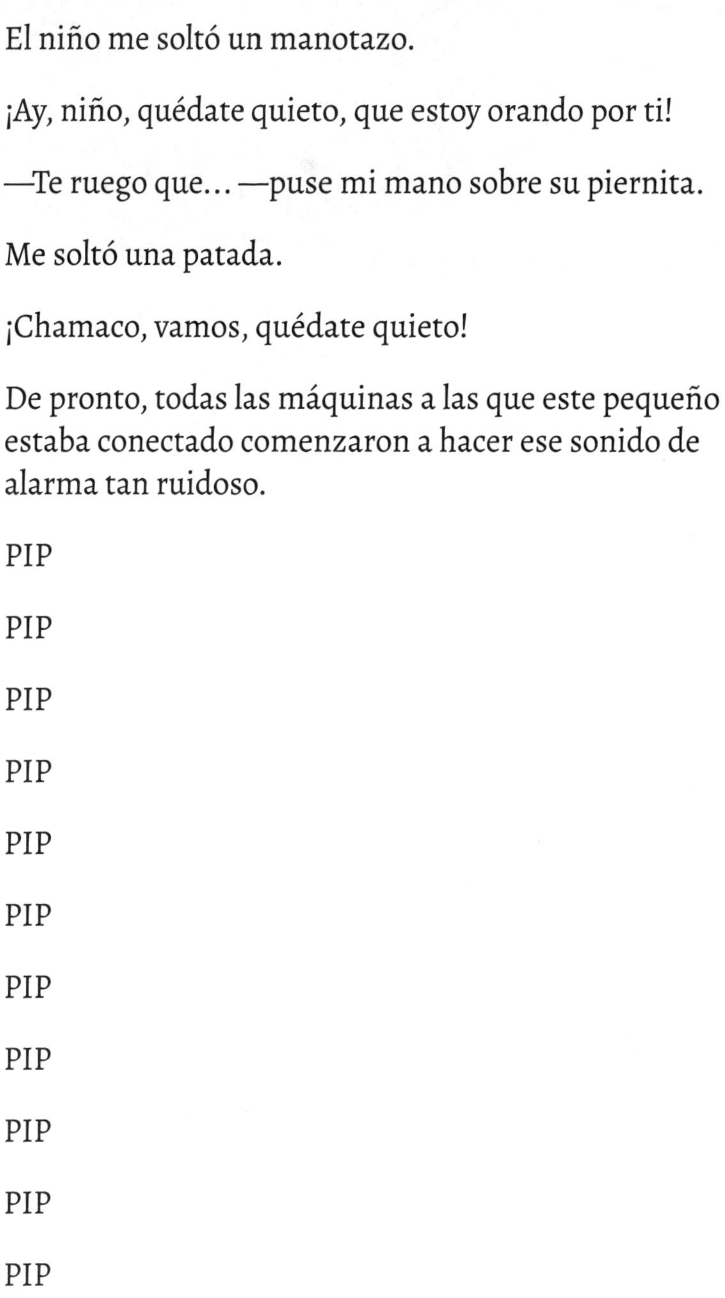

El niño me soltó un manotazo.

¡Ay, niño, quédate quieto, que estoy orando por ti!

—Te ruego que… —puse mi mano sobre su piernita.

Me soltó una patada.

¡Chamaco, vamos, quédate quieto!

De pronto, todas las máquinas a las que este pequeño estaba conectado comenzaron a hacer ese sonido de alarma tan ruidoso.

PIP

PIP

PIP

PIP

PIP

PIP

PIP

PIP

PIP

PIP

PIP

PIP

PIP

PIP

PIP

PIP

PIP

PIP

PIP

PIP

PIP

PIP

PIP

PIP

PIP

PIP

PIP

PIP

PIP

PIP

En seguida entró corriendo un grupo de doctores, enfermeras y los que parecían ser los padres del niño.

—¡Yo no fui, él empezó primero! —dije, mientras levantaba mis manos como en señal de rendición, para luego encogerme de hombros intentando hacer notar mi inocencia.

Claramente, nadie me entendió, porque lo dije en español.

El pastor y yo salimos escoltados por una enfermera que decía cosas que obviamente yo no comprendía. Él preguntó algo, los padres se le acercaron y yo me limité a darles espacio, puesto que no comprendía ni una sola palabra... Al parecer, ellos no hablaban ningún otro idioma más que el local, y dadas las circunstancias no había tiempo para interpretación alguna.

Entonces bajé por las escaleras, piso tras piso, y esperé en la recepción a mi amigo el pastor, para irnos de allí directo al aeropuerto.

Creo que queda claro que, por lo sucedido, todo rastro de sueño y cansancio se alejó de mi cuerpo, ¿verdad?

Pasó un buen rato hasta que el pastor bajó a encontrarse conmigo, y cuando llegó tenía un semblante lleno de muchas emociones encontradas... A juzgar por su mirada, él no podía terminar de comprender todo lo que estaba pasando en ese momento por su mente.

—Era muerte cerebral... —soltó de la nada.

—¿Qué?

—El pequeño por el que oraste... —continuó él— tenía muerte cerebral. Estaba prácticamente en estado vegetativo. Los padres estaban ahí porque hoy pensaban desconectarlo.

Yo no podía creerlo.

Él no podía creerlo.

—Ese manotazo y esa patada fueron un milagro... una respuesta de Dios... algo maravilloso... —dijo, mientras sonreía para sí mismo—. ¡Los padres estaban tan impactados que decidieron entregarle su vida al Dios que volvió a levantar a su hijo de donde estaba postrado, literalmente, casi muerto!

¡Dios es sorprendente! ¡Él lo hace todo de formas inexplicables!

Dándole gracias a Dios por lo que había hecho, salimos del lugar.

Este había sido un cierre magnífico para mi viaje...

—¡Bueno, ha llegado la hora de cenar! —dijo en voz alta mi amigo el pastor.

Y entonces me llevó a un restaurante. No te emociones. En realidad era la cafetería del hospital... ¡que se encontraba en peor estado todavía que el hospital! Las mesas plegables de metal estaban llenas de arroz esparcido por todos lados y de lo que parecían ser pequeñas huellas de rata en busca de una comida deliciosa.

Quise ir al baño del lugar, donde ingenuamente esperaba encontrarme con papel, pero no... este era igual al resto de los baños a los que había entrado... En verdad, eran muy parecidos a los que había en Ucrania en tiempos antiguos... con pequeños agujeros en el piso que requerían de un buen equilibrio, puntería y una buena digestión. La gran diferencia entre uno y otro era que en Ucrania sí había papel higiénico (aunque tú y yo sabemos que yo utilizaba billetes...).

A VECES LA OTRA CARA DE LA MONEDA SERÁ INCÓMODA, SOMBRÍA, PELIGROSA, DESAGRADABLE Y ATEMORIZANTE... PERO SIEMPRE ESTARÁ LLENA DE SORPRESAS INIMAGINABLES POR PARTE DE DIOS.

(Si estás leyendo esta parte sin contexto, seguramente no entenderás a qué me refiero. Eso te pasa por leer el libro desordenadamente, jaja.)

En lugar de usar papel higiénico, en India las personas tienen una especie de cubeta especial de la que toman con la mano IZQUIERDA un poco de agua para limpiarse cuando... bueno, ya sabes... cuando terminan de hacer lo que estaban haciendo en el baño.

Emplean la mano IZQUIERDA porque la mano DERECHA la reservan para comer con ella, ya que no suelen utilizar cubiertos.

Y, por cierto, si necesitan más agua porque algo les cayó mal al estómago, repiten el proceso las veces que sean necesarias hasta quedar limpios. El reto está cuando te toca ir al baño justo después de que alguien lo usara…

En fin, en este baño no había ni papel, ni cubeta con agua, ¡ni agua siquiera!… así que regresé por donde había venido.

Mi amigo el pastor me vio llegar y fue directo al baño. Yo supuse que regresaría de inmediato, puesto que no había ni papel, ni cubeta con agua, ¡ni agua siquiera!… pero me equivoqué. Tardó en regresar.

Paso un minuto, luego dos y después pasaron seis más.

A ver, seamos sinceros. Nadie va al baño y tarda más de seis minutos en entrar y corroborar que no hay ni papel, ni cubeta con agua, ni agua siquiera, ¿cierto?

De manera que no pude evitar imaginarme lo que estaba haciendo…

Yo no quería imaginarlo.

Necesitaba no imaginarlo.

Pero lo hice.

Así como sé que tú también te lo estás imaginando ahora mismo.

Continuemos, por favor.

Finalmente, él salió del baño, se acercó a la mesa, tomó un portafolio que yo no había notado antes y lo abrió.

—Es tiempo de que el hombre de Dios cene —dijo—, mirando a los otros chicos que nos habían acompañado a orar en otras secciones del hospital.

¿Comer? ¡No, gracias! ¡Se me había ido el apetito!

A continuación, sacó del portafolio un plato de cartón, una bolsa de arroz blanco y otra bolsa con una especie de salsa tipo curry, de color naranja. Luego abrió la bolsa del arroz y metió ambas manos para tomar una buena porción.

¡Ambas manos! ¡¿Te diste cuenta?!

Sí, lo noté...

Quiero decir, usó la izquierda, con la que la gente se limpia cuando...

¡Sí, ya lo sé!

Y si no había ni agua ni papel, ¿entonces habrá utilizado su mano seca para...?

¡Por favor, detente!

Está bien, sigo con el relato...

Después tomó la bolsa de curry y exprimió el contenido con ambas manos, sin dejar la más mínima gota dentro de la bolsa... y luego se limpió los dedos de la mano izquierda con los de la mano derecha, y los de la derecha con los de la izquierda.

Lo hizo dedo por dedo, limpiándose también las uñas de las manos para no dejar ni una sola gota desperdiciada.

Parecía broma, pero no lo era.

Parecía un sueño, pero no lo era.

Y luego, cuando yo pensaba que las cosas no podían ser peores, el pastor me dijo que esta comida estaba hecha en su mayoría a base de... ¡leche de búfala!

(Olvidó mencionar que también estaba hecha a base de mano recién pasada por...).

Okey, ¡te voy a detener ahí! ¡No más detalles por favor!

Está bien, lo siento. Continúo...

Como tú bien sabes, yo me había esforzado con mucho esmero por evitar la leche de búfala durante todo el viaje y, por supuesto, esta no sería la excepción.

En un rapto de iluminación, se me ocurrió un plan perfecto: cuando todos estuvieran comiendo, yo tomaría un poco de comida para disimular, la dejaría en alguna parte de la mesa de manera que pudiera confundirse con la de alguna otra persona, e inmediatamente me pondría a contarles animadamente historias de mis aventuras con el fin de entretenerlos un buen rato, de manera que cuando ellos terminaran de comer, yo pudiera decir: "Ay, estoy tan lleno, muchas gracias", logrando así salir del lugar sin haber comido nada.

¡Era un plan brillante!

Solo que no funcionó.

—Nadie más comerá —anunció el pastor no bien terminó de servir el plato—. Esta cena es para el hombre de Dios.

¡Qué bien! Me pregunto quién será... ¿habrá llegado ya?

Creo que, a juzgar por mi expresión, el pastor dedujo que yo no lo había comprendido y que no tenía idea de a quién se estaba refiriendo.

¡Oh, él estaba hablando de mí!

¡Nadie más cenaría conmigo!

De repente me sentí honrado, agradecido y asustado, todo al mismo tiempo. MUY asustado, para ser exactos.

—¿Puedo orar por los alimentos en español? —le pregunté.

Hizo un ademan aprobando mi petición, y acto seguido yo puse mi mejor sonrisa y comencé a orar con un tono de voz pacífico y neutral...

—¡REPRENDO TODO ESPÍRITU DE MUERTE Y TODO PARÁSITO QUE PUEDA HABER EN ESTA COMIDA, PORQUE TU PALABRA DICE QUE COMEREMOS COSA MORTÍFERA Y NO NOS HARÁ DAÑO! —dije, apretando mis dientes para sonar calmado. Y luego terminé con normalidad...— En el nombre de Jesús, Amén.

Habiendo depositado toda mi confianza en Dios y en sus promesas, empecé a comer... Para mi sorpresa, ¡estaba delicioso! (tal vez las manos del pastor le dieron un toque más especiado, ¡pero delicioso!). Y, como podrás deducir al leer estas líneas, no... no enfermé, ni morí, ni tuvieron que operarme de nada...

A veces la otra cara de la moneda será incómoda, sombría, peligrosa, desagradable y atemorizante... Pero siempre estará llena de sorpresas inimaginables por parte de Dios.

Y siempre valdrá la pena.

CAPÍTULO

UNA LUZ EN LAS TINIEBLAS

En el año 2023 recibí una nueva misión de parte de Dios para ir a un lugar al que nunca había ido. Un país distinto y lleno de retos nuevos...

De alguna forma, como ya es costumbre entre nosotros, Dios puso un sueño en mi corazón que debía ser cumplido. No para mi gloria, sino para la suya.

Antes de comenzar, quiero advertirte que este capítulo contiene historias de realidades muy crudas. Si eres sensible, tal vez prefieras salteártelo, o leerlo con precaución... Por las dudas, para que no te pierdas nada, aquí te dejo el resumen más resumido que podría hacerse sin "espoilearles" nada a quienes elijan seguir leyendo. El resumen es este:

En el mundo suceden cosas terribles.

Dios es bueno siempre.

Él está buscando pers*onas que se animen a llevarle su mensaje de amor a las personas que están sufriendo.*

¡Listo! Ahora *ya puedes decidir si saltearte hasta el capítulo siguiente o continuar tu lectura normalmente en estas páginas...*

Así como había ocurrido en su momento con Ucrania, en mi mente comenzó a resonar el nombre de este lugar, de esta misión y de este deseo de Dios...

Pakistán...

Pakistán...

Pakistán...

Tal como tú, yo tenía muy poca información respecto a este país, pero logré contactarme con tres jóvenes de tan solo veintitantos años que trabajaban ayudando a niños pakistaníes, entregándoles comida y agua. La comunicación con ellos era intermitente y no siempre recibía una respuesta pronto. A veces coincidíamos en el momento correcto e intercambiábamos mensajes hablando de la misión. Sin embargo, había días en los que me quedaba sin saber nada de ellos. De hecho, podían pasar horas, días, semanas y hasta meses...

Después de un tiempo de estar comunicados, ellos me contaron que trabajaban en una ladrillera perteneciente a una persona muy importante del país. Una ladrillera poco común, puesto que de entre los cuatro millones y medio de personas que hay esclavizadas en las ladrilleras, más de un millón son niños. Y esta ladrillera era una de las más grandes y con más concentración de niños para trabajos duros, abusivos y desgarradores. Todo esto bajo un sol tan fuerte que quema incluso estando debajo de él por unos pocos minutos.

¿Ladrillera?

¿Niños esclavos?

Sí, todo esto era cierto, y todavía se ponía peor...

Estos jóvenes me contaron que en Pakistán el cristianismo está altamente perseguido y sancionado. Me dijeron que las tarjetas de identificación (los documentos de identidad personal) incluían un apartado obligatorio en el que se anotaba la religión del dueño.

Y si tu identificación dice que eres cristiano, automáticamente pierdes tus derechos de vida, esos que nosotros solemos dar por sentados una y otra vez. Perdiendo los derechos pierdes también la dignidad, pues solo existen dos trabajos para ti: ser esclavo en las ladrilleras o trabajar como removedor de excremento en las tuberías, casas o desagües.

Nacer como mujer no es para nada mejor. Al contrario. No posees independencia, derechos, ni oportunidades. No te está permitido estudiar, ni trabajar, ni vivir por tu cuenta... y mucho menos si eres cristiana, huérfana o si no tienes esposo.

DIOS ES EXPERTO EN MOVER A SU CUERPO DE MANERA QUE SUS PROPÓSITOS SEAN CUMPLIDOS.

Como si todo esto fuera poco, en la zona a la que yo estaba planeando ir existe algo llamado la "ley de la blasfemia".

Esta ley establece que habrá penas (que incluyen la muerte) en caso de ser sorprendido blasfemando en contra de cualquiera de las religiones reconocidas por los musulmanes. Tristemente, al no existir nada parecido a los derechos humanos, esta ley ha sido utilizada un sinfín de veces en causas injustas y crueles.

Por ejemplo, si un hombre se enfada con su mujer y la golpea hasta la muerte, o si directamente acaba con su vida por mero capricho, él está en su derecho de decir que la mujer había declarado blasfemias en contra de su religión, y que por esa razón decidió tomar la dura elección de arrebatarle la vida...

Pongamos otro ejemplo. Si eres un extranjero que por falta de información al respecto es sorprendido orando, rezando o haciendo cualquier otra manifestación de alguna otra fe que no sea la que ellos profesan, entonces tu vida está básicamente acabada.

Y no, esto no lo saqué de internet. Esto me lo contaron de primera mano los tres chicos con los que me contacté para ir a ayudar, y que después viví en carne propia. Pero ya tendremos tiempo de ir explicando más cosas de a poco. Aún tienes que descubrir cómo es que llegué ahí.

Ahí vamos de nuevo...

Curiosamente, una vez más me encontraba sin el dinero suficiente como para poder adquirir el boleto de avión hacia Pakistán... Pero siendo ya un consagrado loco de amor y pasión por mi Padre eterno, acordé con los tres chicos que iría en una fecha exacta.

Sin dinero.

Sin boleto.

Pero con una fecha designada.

No hay problema, ¿verdad? Para este punto, tú y yo sabemos que Dios es experto en mover a su cuerpo de manera que sus propósitos sean cumplidos.

Un par de semanas después de comprometerme para ir en esa fecha, fui invitado a un congreso de jóvenes en el que compartí sobre las misiones que Dios había puesto en mi vida. Hablé un poco de lo que ya sabes hasta este punto, y otro poco de lo que todavía te falta descubrir...

Ahora bien, yo no era consciente de que este congreso y mi participación serían grabados y transmitidos en la plataforma de la iglesia. De repente, un empresario amigo mío que estaba en otro estado completamente diferente, haciendo cosas completamente diferentes, escuchó la palabra que compartí... y algo fue movido en su interior que le provocó una necesidad tan incomprensible como irrefrenable de ir hasta donde yo me encontraba para decirme algo que Dios le había dicho.

Interesante, ¿no?

¡Y maravilloso!

Dios llevó a mi amigo desde donde él estaba hasta el lugar del congreso, tan solo para decirme que el Señor había puesto en su corazón el poder darme exactamente la cantidad que yo necesitara para llegar hasta Pakistán. Ni más, ni menos. Lo justo y necesario.

¡Yo no podía contener mis lágrimas de emoción, de gratitud y de ganas de ir YA a Pakistán para completar lo que había sido gestado en el corazón de Dios para ese país!

Entonces empecé a investigar y a prepararme. Fue muy complicado, puesto que la visa que se requiere para entrar al país me fue negada un sinfín de veces... hasta que por obra y milagro de Dios la conseguí y pude continuar con los planes.

La embajada me recomendó no entrar a ciertos lugares ni hacer otras cuantas cosas. Y los chicos que vivían allí me indicaron que cerrara mis redes sociales durante el día. Me explicaron que esto era necesario debido a que en la zona a la que me dirigía, los grupos radicales tenían completa autoridad para detenerme al notar que era extranjero para inspeccionar todo, hasta mi teléfono, en búsqueda de algo que les diera excusas para afirmar que en algún momento blasfemé en contra de su religión, y así poder quitarme la vida sin impedimento.

Así que cerré mis redes sociales, desinstale las aplicaciones de la Biblia que tenía en mi teléfono y descargue las fotos de mis viajes, congresos, prédicas y misiones en un disco duro antes de irme y luego las eliminé de mi galería digital.

Recuerdo que mi esposa, quien amorosamente siempre se mantiene despierta en la madrugada para poder hablar conmigo cuando me encuentro en un país con un horario distinto, estaba afligida y preocupada por mi bienestar... Y aunque ella también es la mujer que más me inspira a tener fe y confianza en el Señor, no podíamos disimular el hecho de que este sería uno de mis viajes más arriesgados y que quizá muchas veces no podríamos estar comunicados.

Debido a lo delicado y peligroso de la situación, me abstuve de contarles los detalles a mis hijos, precisamente para evitar que ellos se preocuparan más. Les conté de la iglesia subterránea que funcionaba encubierta dentro de una escuela. Les conté que estos jóvenes hicieron un trato con el dueño de los niños para que les dejase llevarles comida, aunque sea una vez cada tantos días. Les conté que el hombre no le vio ningún problema a la propuesta, al contrario, ya que los jóvenes pagarían los alimentos y él se ahorraría ese gasto “extra”. Les conté que, después de un tiempo, estos jóvenes le pidieron permiso al dueño para poder enseñarles a leer y escribir en inglés, y que el hombre lo vio como algo inofensivo puesto que ese aprendizaje no les serviría absolutamente de nada, ya que esos niños y los pocos adultos que había en la ladrillera pasarían el resto de sus vidas en ese lugar. Les conté también que cuando los niños eran transportados para tener sus clases, en realidad eran llevados a la iglesia oculta, donde además de enseñarles a leer y a escribir les compartían de la Palabra de Dios, y los animaban diciéndoles que hay una esperanza y que no estaban solos. Y no les conté mucho más.

Así comenzó el viaje.

El itinerario fue una locura. Primero nos fuimos a Buenos Aires, después a Madrid, luego a Catar y de ahí hicimos un viaje por vía terrestre a una ciudad con un nombre difícil de pronunciar, para finalmente llegar hasta el territorio en el que estaban la ladrillera, la iglesia, la escuela y la misión.

No fue una sorpresa enterarme de que la zona estaba controlada por dos de los más grandes y conocidos grupos terroristas. Me di cuenta apenas al llegar, pues no importaba hacia dónde dirigiera mi mirada, había camionetas sucias, oxidadas y cargadas de hombres completamente cubiertos y armados hasta los dientes con armas que yo solo había visto en las películas de acción. Armas que se veían pesadas e intimidantes, como si tan solo con mostrarlas fuera suficiente para aclararle a cualquiera que las viera que ellas y sus portadores eran los que realmente estaban al mando, los que daban las ordenes y los que decidían el destino de cualquiera que se les pusiera delante.

Ya con los chicos, ellos me vistieron con ropa típica del lugar. Y no me refiero a los trajes típicos que usaría cualquier persona en representación de su cultura, como los trajes charros o las faldas y vestidos en México. Esta era ropa típica en el sentido de la cotidianeidad. Ropa que me ayudaría a hacer menos obvia mi nacionalidad mexicana y mi falta de conocimientos sobre la región.

Me subieron a un automóvil junto con otras dos personas a mi lado. Íbamos en la parte de atrás del vehículo y ellos cubrían las ventanas, mientras que otros dos jóvenes se colocaron en la parte de adelante. Nos dirigimos a la escuela e iglesia encubierta, pasando en el camino por varios retenes, varios puestos de vigilancia y un sinfín de personas armadas.

Cuando llegamos, pude ver que la entrada al lugar estaba bloqueada por algunas piedras grandes y algunos ladrillos que parecían ser de barro. Supe que era la entrada porque un pequeño niño salió de la puerta como si nos estuviera esperando. Giró su cabeza en varias direcciones hasta que nos vio, e inmediatamente desapareció, entrando por donde había venido. Tuvimos que bajar del auto y caminar discretamente hasta la entrada, y lo que vi entonces me sorprendió sin medida alguna...

De afuera, parecía ser solamente la entrada a una de las muchas casas que había en la zona. Sin embargo, al atravesar varias puertas y un par de escaleras, llegamos hasta un lugar donde me encontré con un grupo de niños...

Algunos eran más altos que otros. Vi manos enormes y rostros diminutos. Vi la marca de sus huesos, y cicatrices que seguramente provenían del trabajo duro que llevaban a cabo durante jornadas de más de once horas seguidas, sin descanso ni pago alguno.

Vi paredes llenas de letreros con frases en inglés como: *"Jesus loves you"* (que significa "Jesús te ama"), y varios versículos bíblicos. Vi un pizarrón con el abecedario en inglés, y también un par de letras que no logré leer.

Vi a niños varones que estaban pintados y vestidos como una mujer, y sinceramente no pude imaginar por qué. No podía creer que la ideología de género estuviera presente en un país tan radical como Pakistán. Y claro, no era por eso. Algunas personas adultas, que parecían ser otros miembros del equipo y del grupo de maestros encubiertos, me explicaron que hay una celebración muy conocida en la zona, en la que varios oficiales, militares y altos mandos seleccionaban a niños y niñas de distintas edades y procedencias para vestirlos y maquillarlos (en el caso de los varones, como el sexo opuesto), y después montar un show en el que debían bailar de forma provocativa para los oficiales, para luego tener relaciones sexuales con ellos.

Escuchar esto me destrozó el corazón. Sinceramente, quería tirarme a llorar. Sentí cómo mi alma clamaba por cada uno de esos corazones, por cada uno de los niños y niñas que crecieron viviendo esas barbaridades como algo cotidiano. Pequeños niños de 5 o 6 años trabajando sexualmente para hombres que no escatimaban en gastos ni complicaciones con tal de tener placer, con tal de deleitar su carne con la sangre de inocentes.

¿Cuántas veces habrán rogado por piedad?

¿Cuántas veces habrán llorado en silencio mientras eran agredidos?

¿Cuántas niñas habrán creído merecerlo tan solo por haber nacido mujeres?

¿Cuántos pequeñitos habrán sido llevados a ese show sin saber lo que les esperaba?

Una sensación abrumadora me invadió. Me caí en mil pedazos por dentro. Sentí que se me hacía un nudo en la garganta, y mi boca muda me impidió pronunciar una sola palabra.

Mi corazón se rompió.

Mi alma estaba llorando.

Mis ojos amenazaron con romper en llanto.

Pero no podía quebrarme ahí.

No cuando se supone que vienes para darles algo de alegría y esperanza.

Así que dejé de lado mi angustia y comencé a hablar con ellos.

DIOS ES BUENO TODO EL TIEMPO, AUNQUE EN EL MUNDO HAYA SITUACIONES QUE PAREZCAN INDICAR LO CONTRARIO.

Su inglés era bueno. Al menos lo suficiente como para que me pudieran contar lo que habían aprendido, y como para que yo pudiera decirles que son amados y que hay un Dios bueno que no los abandona... aun cuando las circunstancias les gritaran lo contrario.

Ahora, no me es necesario estar ahí contigo para saber que en algún momento de las últimas páginas seguramente te hiciste LA pregunta... Esa que se ha utilizado en contra del evangelio una y otra vez, y que, ante lo que mis ojos estaban viendo en ese momento, podría ser un argumento absolutamente lógico, al menos para quienes no conocen a Dios...

¿Por qué hay tanta maldad si se supone que Dios es bueno?

¿Por qué?

¿Por qué?

¿Por qué?

¡¿Por qué?!

Si esos hombres abusaban de inocentes.

Si esos hombres los trataban como animales.

Si esos hombres merecían la muerte.

Si esos niños necesitaban auxilio.

Si las ladrilleras son un como un campo de concentración con trabajos forzados, en el que se fabrican ladrillos a costa de las casi nulas fuerzas de un montón de niños sin agua y sin comida en medio de largas jornadas.

Si las mujeres básicamente nacen sin derechos, sin posibilidades ni sueños, por el simple hecho de ser mujeres.

¿Por qué?

¿Por qué?

¿Por qué?

¿Por qué?

¿Por qué?

¿Por qué?

¿Por qué?

¿Por qué?

¿Por qué?

¿Por qué?

¿Por qué?

¿Por qué?

¡¿Por quéeee?!

A veces tenemos tantas preguntas y tan pocas respuestas...

ÉL DECIDIÓ ATRAER, ELEGIR, PREPARAR, CAPACITAR Y FORMAR A PERSONAS DISPUESTAS A SER UNA EXTENSIÓN DE SUS BRAZOS

Y hay tan solo una para este caso.

¿Te anticipo una parte de esa respuesta? Dios SÍ es bueno. Él es bueno todo el tiempo, aunque en el mundo haya situaciones que parezcan indicar lo contrario.

Y... ¿Dios tendría el poder como para erradicar la maldad de la tierra si se le diera la gana?

Claro que sí. Él podría deshacerse de la maldad de una vez y para siempre con tan solo una palabra.

Pero entonces... ¿por qué no lo hace?

Bueno, pues por tres razones:

1) **Vivimos en un mundo de acción y reacción.** El Señor nos concedió libre albedrío, es decir, la oportunidad de elegir... pero siempre asumiendo las consecuencias de nuestras propias elecciones.

   Claro que él sería capaz de erradicar toda la maldad de la tierra con su poder, pero entonces sería un dictador que no nos permite tener conciencia ni elección propia.

2) **Si el Señor erradicara toda la maldad de la tierra, no quedaría nada.** Nuestro mundo es un mundo corrompido y alejado de la presencia de Dios, debido precisamente a nuestra propia maldad, pues la Biblia dice que no hay nadie justo, ni uno solo. No hay hombre del que pueda decirse que no tiene mancha alguna, y jamás lo habrá. Solo hubo uno, Jesús, y su labor fue restaurar la relación que nosotros mismos, con nuestro pecado, habíamos roto entre el Padre y nosotros.

   Todos nos hemos equivocado alguna vez. Todos hemos engañado, robado, mentido, pensado o hablado mal en contra de otros.

   Todos somos culpables de la maldad que hay en esta tierra.

   Todos mereceríamos morir y pagar las consecuencias de haber pecado. Sin embargo, él ya lo hizo. Jesús tomó tu lugar y mi lugar, llevando en la cruz todo el peso del pecado de la humanidad sobre sus hombros, para darnos la oportunidad de elegir recibir su perdón y su gracia inmerecida.

3) **Dios sabía que la humanidad era capaz de cometer estos y miles de actos de odio todavía peores. Sin embargo, diseñó un plan.**

Él decidió atraer, elegir, preparar, capacitar y formar a personas dispuestas a ser una extensión de sus brazos, y para poder a través de ellas llegar a todas las personas que han sido injustamente alejadas de su amor.

Así de simple y así de sencillo.

Ese es mi trabajo.

Ese es tu trabajo.

Ese es nuestro trabajo.

Como te iba contando, me armé de valor, me tragué mis lágrimas y las convertí en gritos de alegría. Y comencé a disfrutar de un tiempo increíble con esos niños mientras reíamos y jugábamos todos juntos. Algunos incluso se acercaban solo para abrazarme, agradecerme o compartirme un poquito acerca de quiénes eran ellos.

Al regresar a la casa de los chicos que me hospedaban, me confesaron que esos pequeños jamás en sus vidas habían visto a un extranjero. ¡Y mucho menos a uno que viniera a jugar y a enseñarles cosas nuevas!

Entonces lo supe.

Supe que no es necesario llenar un cierto molde para encajar en la descripción perfecta de lo que a los ojos del mundo es ser un misionero.

Supe que darle a alguien un abrazo de parte de Dios es igual de poderoso que un milagro, como tantos que había visto en los años que llevaba de servicio al Señor.

Supe que jugar con un pequeñito que no conoce la felicidad ni la inocencia de ser un niño es tan hermoso como ver a una persona enferma siendo sanada de repente.

Comprendí todas estas verdades y las hice mías, y viví con estas enseñanzas en el corazón a partir de ese instante.

Al día siguiente, nos despertamos temprano en la mañana, y salimos rumbo a la ladrillera en donde les daríamos de comer y beber a las personas que trabajaban ahí. Habíamos comprado con 200 dólares el suficiente arroz con curry como para prepararlo y repartirlo a todos, junto con vasos de agua, al final de la jornada.

A las siete y media de la tarde nos dieron acceso al área, no sin antes amenazarme de muerte con una especie de rifle que tenían en la mano, dejándome bien claro que si me atrevía a blasfemar en contra de sus creencias, básicamente sería mi último viaje misionero.

Supe que darle a alguien un abrazo de parte de Dios es igual de poderoso que un milagro, como tantos que había visto en los años que llevaba de servicio al Señor.

Poco a poco, conforme iban terminando sus labores, los niños se acercaban a nosotros. Podía notarse el vacío en sus ojos y su hambre feroz.

Ellos se sentaron y comenzamos a repartirles los platos.

No tenían necesidad de cubiertos, ya que en Pakistán comen con la mano DERECHA, al igual que en la India.

Ya te conté sobre eso y no hay por qué volver a entrar ahora en detalles de ese tipo. Sigamos adelante.

Bien, ahora era el momento de comenzar a hacer mi trabajo encubierto. Una vez que todos tuvieron alimento, comencé a pasearme ente las personas. Gracias a Dios, la escuela había rendido frutos, pues logré comunicarme en inglés con varios de ellos.

SUPE QUE DARLE A ALGUIEN UN ABRAZO DE PARTE DE DIOS ES IGUAL DE PODEROSO QUE UN MILAGRO

Primero conocí a una pequeña niña de unos 13 o 15 años de edad. Ella se encargaba de hacer la mezcla para la fabricación de los ladrillos. Llevaba haciendo esto desde que tenía tan solo 5 años, ¡y vaya que se le notaba! Sus manos eran enormes, más grandes que las mías, y estaban cubiertas de una capa gruesa de piel dura. También tenía una especie de curva en la espalda, por tantos años de trabajar siempre inclinada hacia adelante. Sus padres habían muerto varios años atrás, y al no tener cómo salir adelante, por todo lo que ya te he contado, ella accedió a volverse esclava en lugar de optar por limpiar y retirar el excremento de las viejas y peligrosas cañerías de las calles y casas que gozaban de un sistema de agua para el baño.

La abracé y logré sacarle una o dos risas... No sé bien si fue porque no me entendía mucho o porque mi bigote le parecía divertido cuando se movía junto con mis labios.

Seguí caminando y me encontré con un hombre que vivía ahí junto con su esposa y cuatro, o quizá cinco hijos. Ese hombre era esclavo en la ladrillera, pero un día enfermó de sus pulmones y fue necesaria una operación para salvarle a vida. Como obviamente no tenía dinero para costearla, le pidió dinero prestado al dueño del lugar para cubrir los gastos necesarios. Este accedió sin titubear, no porque fuera una persona con algo de compasión, sino todo lo contrario. Le convenía porque al cubrir el costo de su operación, el hombre quedaría en deuda con su dueño, y tendría que vivir durante toda su vida en la ladrillera sin poder salir.

La operación se llevó a cabo correctamente y el hombre sobrevivió. No obstante, debido a la falta de cuidados, limpieza y descanso necesarios con posterioridad a cualquier procedimiento médico de esa naturaleza, las heridas comenzaron a infectarse y el hombre empeoró. Su esposa, entonces, viendo la situación, decidió vender a su hija mayor al dueño de la ladrillera por tan solo un par de dólares para poder comprar la medicina.

Pasó el tiempo, y el hombre seguía sin mejorar. Su esposa, una vez más, decidió vender a otro de sus hijos con tal de poder costear el tratamiento necesario para salvarle la vida a su esposo. Y como claramente el dinero que le entregaron no fue suficiente, la mujer terminó vendiendo al resto de sus hijos sabiendo que, aunque serían esclavos, tendrían más oportunidades de comer que si se quedaran en casa y en libertad.

HAY PEQUEÑOS ACTOS QUE TIENEN EL POTENCIAL DE TRANSFORMAR VIDAS.

Aun así, el dinero seguía sin ser suficiente, por lo que ella también se vendió a sí misma para completar lo que faltaba y poder comprar los medicamentos para su esposo.

¿Te cuento algo más?

Ella fue comprada por unos veinte dólares más que sus hijos.

¿Por qué?

Porque ella estaba en condiciones óptimas como para seguir teniendo muchos más hijos con los cuales pagar la deuda de su marido...

En ese momento me di cuenta de que la mayoría de los niños menores de 7 años que había en la ladrillera, probablemente habían nacido en esa cárcel sin saber que nunca saldrían de ahí. ¡Es realmente impactante ver que, a pesar de todo eso, ellos te siguen sonriendo y abrazando con cariño!

También conocí a otro niño. Uno que a pesar de tener 6 años tenía la estatura y la apariencia de un niño de 2. Su historia también era triste.

Él nació y creció allí, pero por la falta de agua, en determinado momento sus riñones comenzaron a colapsar y dejaron de funcionar bien. Tuvo que ser operado, y lastimosamente uno de sus riñones no logró ser salvado, por lo que ahora trabajaba con uno solo, y todavía sin agua…

Te recuerdo que a las personas que trabajan en la ladrillera no se les paga con dinero. Se les paga con una comida y un vaso de agua al día.

Le di a este niño una botella extra de agua, y él la abrazó como si fuera su tesoro más grande. Y sí, ¡lo era! ¡Vaya que lo era!

También comencé a orar por él de forma discreta. El pequeño cerró sus ojos junto conmigo, y al terminar me permitió abrazarlo.

Después nos fuimos.

Cuando llegué de regreso a la casa de los jóvenes que me estaban hospedando, tomé mi teléfono y le escribí a mi esposa… Creo que ella debe haber notado que yo estaba en shock, porque era algo indisimulable. Nunca en mi vida había visto algo así.

Seguimos trabajando de esa forma durante uno o dos días más, y luego fuimos por última vez a la iglesia-escuela para despedirme de los niños… Atravesamos como siempre varias puertas, y cuando atravesé la última, me encontré con un montón de niños y niñas que me lanzaban pétalos de flores, y que habían formado un corazón con otros cuantos pétalos. También me entregaron un ramo de flores, y no dejaban de darme las gracias…

¿Gracias por qué? Yo no había podido hacer mucho por ellos. No podía comprarlos, ni adoptarlos. No había forma. Tampoco podía lograr que les redujeran sus horas de trabajo o que les dieran agua suficiente para que se mantuvieran un poco más hidratados. Yo no había hecho nada de eso, y aun así me estaban honrando y festejando (aunque esos aplausos eran realmente para Dios. ¡Él merece toda la gloria y toda la honra!)

Entonces comprendí que a esos niños no les importaba todo lo que no les pude dar. Les importaba lo que Dios sí me había permitido darles.

Risas.

Conversaciones.

Tiempo.

Abrazos.

Todo lo que para nosotros es natural y cotidiano, para ellos tuvo un impacto trascendental, pues ahora sabían que Dios había movido todo para que alguien que vive del otro lado del mundo fuera hasta ellos para compartirles un poco de esa alegría que nos caracteriza como mexicanos.

Risas...

Conversaciones...

Tiempo...

Abrazos...

No parece mucho, ¿verdad?

Sin embargo, para ellos había sido de un valor incalculable.

Al regresar a casa, lo primero que hice fue abrazar a mi familia y agradecerle a Dios por lo poco, por lo mucho, por lo que hay y por lo que no hay.

Ese viaje a Pakistán requería de un valor que yo no sabía que tenía. Fue como si hubiera ido bajo los efectos de alguna especie de anestesia contra el miedo, puesto que recién al regresar comprendí la verdadera dimensión del peligro al que me había expuesto.

Ya desde México, intenté mantenerme en contacto con esos jóvenes que diariamente arriesgaban sus vidas para seguir enseñándoles a esos hermosos niños acerca del amor de Dios...

Cierto día, un par de meses después de regresar, traté de comunicarme con ellos por mensaje pero no me respondieron. Parecía que su perfil había estado activo por última vez hacía mucho tiempo.

Pasaron unos días más.

Dos semanas.

Tres meses.

Y a la fecha siguen aún sin responderme.

No sé qué es lo que habrá pasado con ellos. Sinceramente, me tiene intrigado. Sin embargo, yo sé que a Dios no se le escapa nada. A nosotros solo nos queda orar, confiar y esperar activamente.

Como viste, hay pequeños actos que tienen el potencial de transformar vidas.

Actos que se vuelven puntos de inflexión. Mi pregunta es: ¿dónde están aquellos apasionados por Dios y por hacerle saber al mundo que es amado por él?

¿El dinero te detiene? Mete la mano proféticamente en uno de tus bolsillos, pon de tu parte, y mira como Dios hace aparecer el fajo de billetes en donde no lo había, tal y como lo ha hecho conmigo muchas veces a lo largo de los años.

¿No sabes que decir? ¡Abraza al que tienes en frente con el amor de Dios!

¿No tienes nada que dar? Simplemente da amor, y sé amable con aquellas personas que no conocen la gentileza.

Busca la forma. No te detengas hasta encontrar el camino. Y no lo compares con el camino de otros, siendo que Dios apenas te está mostrando el tuyo.

Ama sin condición, y no tengas miedo, pues el mundo espera por la manifestación de los hijos de Dios.

Acabo de presentarte otra vez la cara oculta de la moneda misionera, la que no se muestra muy seguido.

La que anhelaríamos que fuera inexistente. Y la que necesita desesperadamente que se levanten más obreros de entre los hijos de Dios para ser luz y llevarle su amor a un mundo que vive en tinieblas.

¿Te atreves a venir conmigo?

CAPÍTULO

CONFESIONES

Si quieres que te sea un cien por ciento honesto, tal como lo he sido hasta este momento, la verdad es que realmente no sé qué título ponerle a este pequeño capítulo. Y es que no podría decirte si lo dedicaremos a una historia, a una reflexión, a un pensamiento, a confesar cosas o simplemente a hacernos compañía, de esas que se hacen los amigos a las 2:37 de la madrugada... Que, por cierto, es la hora a la que estoy escribiendo estas palabras.

Dicen que uno fluye más por la noche. Deberíamos averiguar si eso es cierto...

En fin, estas son las confesiones de un misionero que quizá en algún punto de su carrera se preguntó qué pasaría después... Ya sabes, cuando la juventud eterna llegara a su fin. Cuando las piernas no dieran para caminar una milla extra. Cuando el cabello se tornara irremediablemente gris.

Sé que usualmente las personas trabajan casi toda la vida reservando sus ahorros para disfrutarlos cuando sean viejos, cuando les cueste moverse o cuando ya no haya en la casa hijos con quienes compartirlos, si es que los tuvieron.

En mi caso, yo nunca trabajé para disfrutar el final. Yo trabajo para seguir corriendo, para abrir camino y para continuar explorando las cosas nuevas y maravillosas que todavía aguardan a ser descubiertas.

¿Cosas nuevas?

Serán necesarias acciones nuevas.

Y te confieso que esa idea, a veces, puede resultar inquietante.

Recuerdo la primera vez que llegué a Ucrania (¡ahora tú también puedes recordarlo!).

Recuerdo que al llegar, por un momento me dije: "¡¿Qué voy a hacer aquí?!"

Y también recuerdo un tiempo más tarde, cuando mirando hacia atrás, ya podía comprender para qué Dios me había permitido ir y hacer todas esas cosas para su gloria.

¿Es posible volver el tiempo atrás?

¿Rebobinar las cosas?

¿Algo así como empezar de nuevo?

Quizá no del todo. Pero debes saber que en Dios siempre habrá inicios nuevos.

En él siempre encontrarás la respuesta a la pregunta: "¿Qué más puedo hacer ahora?"

Y con el tiempo, aprenderás a que Dios se vuelva tu plenitud, tu fortaleza y el mapa que te guíe en el camino.

¿Quieres un ejemplo?

Hace poco comencé a sentir de parte de Dios un llamado nuevo... el continente africano. Aunque ya había visitado repetidas veces el continente, nunca lo había escuchado en mi corazón, como sí me había sucedido en su momento con Ucrania, India y Pakistán. Recién hace algunos meses lo empecé a escuchar, como un redoble de tambor cada vez más fuerte en mi corazón.

¿Para qué querría Dios llevarme a África?

Yo no lo sabía exactamente.

Pero me volví a sentir como ese chico recién llegado a la iglesia, con un hambre enorme por crecer y conocer a Dios de formas espectaculares.

Me volví a sentir como ese joven cuando llegó por primera vez a Ucrania, uno de los países que más ha amado en toda su vida, y en el que se forjó gran parte de su historia.

Me sentí lleno de la emoción de no saber qué sucedería.

EN DIOS SIEMPRE HABRÁ INICIOS NUEVOS.

Y entonces decidí moverme.

Decidí actuar.

Decidí dar el paso hacia lo desconocido, sabiendo que Dios pondría el piso debajo y me guiaría hacia sus propósitos perfectos.

Y fue así como me subí a un avión camino a África...

¿Por qué? Porque, así como yo, muchos chicos comenzaron a tener ese nombre en la mente y en el corazón. Sin embargo, ellos no sabían cómo empezar, ni qué podrían hacer cuando llegaran a su país de destino.

Fue por eso que yo decidí subirme a ese avión, pues hace muchos, muchos años, a mí me hubiera encantado tener a alguien que conociera el terreno y empezara a abrir una brecha, justo como un pionero lo haría.

¿Un qué?

Un pionero. Ese es el nombre que se les da a aquellos valientes que se atreven a explorar lo desconocido y a abrir caminos donde no los hay. A lo largo de la historia, han existido muchos individuos así, que, impulsados por una visión y un propósito, decidieron ir por la vida desafiando las convenciones, y abandonando la comodidad de lo conocido, se animaron a salir en busca de nuevas tierras, nuevas ideas, nuevas formas de vida.

En el contexto de nuestra fe, ser un pionero significa básicamente responder al llamado de Dios de manera audaz y decidida, incluso cuando el camino esté bloqueado, cerrado, escondido o aun cuando parece incierto o inexistente.

La labor de los pioneros es fundamental para el avance del reino de Dios. Pero, al igual que nosotros, estos valientes no cuentan con todas las respuestas ni tienen garantizado el éxito. Es su disposición a actuar lo que marca la diferencia, así como debería hacerlo en tu vida y en la mía.

Ellos deberían inspirarnos y desafiarnos.

Día a día se enfrentan a obstáculos, rechazos, peligros y dificultades, pero lo hacen con la confianza de que están cumpliendo con una misión más grande que ellos mismos.

Cuando Dios nos llama a ser parte de su misión, a menudo se nos pide que demos un salto de fe. Este salto no siempre es fácil. Implica dejar atrás lo conocido y embarcarnos hacia lo desconocido. Al igual que los pioneros, somos desafiados a confiar en que Dios está a nuestro lado, guiándonos y sosteniéndonos en cada paso del camino.

Y eso es muy difícil.

¡EL MUNDO NECESITA MÁS PIONEROS DISPUESTOS A MARCAR LA DIFERENCIA ALLÍ DONDE SEA QUE DIOS LOS HAYA PUESTO!

Dar un salto de fe significa estar dispuestos a dejar nuestras comodidades y certezas, y abrir nuestro corazón a lo que sea que nos depare el futuro, confiando siempre en que Dios tiene un plan perfecto para nosotros (incluso cuando nos parezca todo lo contrario).

Por eso, el ejemplo de los pioneros es una invitación a ser valientes y a seguir el camino que Él ha preparado incluso cuando no podamos ver todo el recorrido a causa de la neblina. Ellos nos enseñan que el miedo al fracaso no debe paralizarnos. ¡Jamás te dejes paralizar por el miedo!

Y es que cada intento, cada paso hacia adelante, nos acerca más al cumplimiento de la misión y al sueño que Dios ha puesto en nuestras vidas.

Así como ellos, nosotros también podemos ser portadores de esperanza y transformación, llevando el amor de Cristo a lugares donde aún no ha llegado.

¿Te gustaría ser parte de este mover de Dios?

África sería un buen lugar para hacerlo, ¿verdad?

Piénsalo... Y cuando estés considerando la misión que Dios te está entregando, recuerda el espíritu de los pioneros. Atrévete a dar ese salto de fe, ese paso incierto y tenebroso, ese del que hemos hablado una y otra vez, ese que Dios utilizó para que hoy yo pueda estar escribiendo este libro y contándote lo que ha sucedido en mi vida. Sé valiente, sigue adelante y confía en que, aunque el camino sea peligroso, Dios estará contigo en cada paso.

Él es quien abre puertas y prepara el terreno para que puedas cumplir con su propósito. No dudes en responder a su llamado. ¡El mundo necesita más pioneros dispuestos a marcar la diferencia allí donde sea que Dios los haya puesto!

En sus hogares.

En sus trabajos.

En sus escuelas.

En su nación.

En otras naciones.

Incluso en África.

Incluso en África...

Subí al avión, me recosté en silencio y, como un buen pionero, me dispuse a escuchar las instrucciones de mi Padre hasta que…

—¡Hey!

Era la voz de una mujer poco más grande que yo, que se dirigía al mismo punto que yo, y que resultó tener… ¡exactamente la misma misión que yo!

Sí Señor, ¿es ella? ¡Tiene que serlo!

Pero no puede ser posible...

¡Claro que sí puede!

Sí, fue ella… Esta mujer que Dios había puesto en mi camino fue mi contacto para conocer todo el campo laboral que existe para los jóvenes que tengan un anhelo de servir allá.

Claro que ya sé que todo es posible para Dios, pero siempre me asombro al ver su creatividad para movilizar y unificar a su Cuerpo alrededor del mundo.

Como podrás imaginarte, cualquier misionero que quiera trabajar en distintas zonas del continente africano necesita ser vivaz y sagaz, combinación que suena fácil de encontrar pero que solo unos pocos poseen. Ella era precisamente eso. Una mujer vivaz y sagaz, astuta como serpiente y capaz de enfrentar cualquier reto que se le presentara, pero siendo a la vez tan mansa como una paloma.

Si lees la Biblia lo suficiente, sabrás a lo que me refiero con eso.

Una vez preparados, esta mujer me llevó junto con otro colega pionero a ver la zona... y debo decirte que, aunque es bien conocido el nivel de pobreza que hay en distintas partes del continente, resulta que verlo en carne propia es muy diferente.

Recordé a los niños de Pakistán, aunque había una diferencia. Ellos aprendían a ser libres en un mundo de cárcel y encierro. Los pequeños de África aprendían a ser encerrados en un mundo libre.

¡Qué dura es la realidad!

¡Qué triste es saber que no hay recursos suficientes!

¡Qué triste es saber que solo existen dos buenos negocios, solo dos que realmente generan un ingreso teóricamente estable!

¡Qué triste es saber que uno de ellos es trabajar en alguna fundación benéfica o de caridad que sea sustentada por Estados Unidos!

¡Qué triste es saber que hay tanto trabajo que podría hacerse para ayudar a esas personas, pero tan pocas manos dispuestas!

¡Y qué triste es saber que la Biblia ya hablaba de esto, y todavía no estamos haciendo nada al respecto!

¿Dónde están esos valientes que se abrirán paso a través de la brecha que el Señor nos está permitiendo abrir?

¿Dónde están los cientos de jóvenes que le entregaron sus sueños a Dios en congresos, conferencias y campamentos, prometiendo que comenzarían a actuar?

¿Cuándo despertarán?

¡¿Quieren que los sacuda un poco?!

Bien, aquí voy.

Si eres uno de esos jóvenes o una de esas jovencitas, recuerda los sueños son como semillas: necesitan ser plantados, regados y cuidados para florecer.

LOS SUEÑOS SON COMO SEMILLAS: NECESITAN SER PLANTADOS, REGADOS Y CUIDADOS PARA FLORECER.

¡Despierta ya!

Da el primer paso hoy.

Escribe un plan, haz una llamada, únete a un grupo, o simplemente comienza a orar pidiéndole a Dios dirección.

¡No esperes más!

La vida está sucediendo ahora, y tus sueños merecen que les des vida. ¡Es tu momento de dejar atrás lo que has sido hasta ahora y empezar a ser quien Dios te ha llamado a ser! ¡Atrévete a vivir la vida que Dios diseñó especialmente para ti!

Y déjame decirte algo más: ni siquiera esperes a que te sea revelado, pues Dios primero hace las cosas y después las dice, tal y como sucedió con la concepción y nacimiento de Jeremías. Antes de ser concebido en la tierra él fue llamado profeta, después fue formado, y luego fue capacitado e impulsado por Dios.

¡Levántate!

Tú has sido llamado hijo o hija desde antes de ser concebido.

Tú has sido visto antes de haber sido formado.

Tú has sido amado antes de haber existido en la tierra.

Yo sentí cuando Dios me llamó a abrir camino, a buscar e investigar... y lo hice. Ahora solo faltan personas dispuestas a servir incluso sin saber exactamente en lo que se están metiendo. Personas entregadas, que estén dispuestas a dejar su comodidad para ir y hacerles saber a esas familias en África, a esas mujeres, hombres, niños y niñas, que ellos también fueron llamados hijos antes de ser concebidos, que también fueron vistos aun antes de haber sido formados, y que también fueron amados aun antes de haber existido aquí en la tierra.

Tú has sido elegido para algo más grande que tú mismo.

Yo sentí cuando Dios me llamó a abrir camino, a buscar e investigar... y lo hice.

Ahora viene una de mis más grandes confesiones. Quiero confesar que me preocupa el no saber si aún existen personas dispuestas a dar la vida por Jesús. Y no, no solo hablo de dar la vida como en las películas. Me refiero a dar el tiempo, entregar los sueños, los planes y aun las metas que creías inamovibles.

También confieso que anhelo ver al mundo arder de nuevo, ¡arder de pasión por Dios!

TÚ HAS SIDO ELEGIDO PARA ALGO MÁS GRANDE QUE TÚ MISMO.

Confieso que he buscado a quienes puedan ser parte de lo que estoy seguro será una cadena de despertar masiva alrededor del mundo.

Confieso que me emociona conocer a la siguiente generación de misioneros, y anhelo que su respuesta ante los problemas sea estar absoluta y completamente locos de amor por su Padre eterno. Locos por ver un mundo renovado, impactado por su gracia y por el conocimiento de su verdad.

Confieso que creo que pronto las cosas van a empezar a cambiar, a tener un rumbo distinto... uno fresco, renovado y en sintonía con el corazón de Dios.

Confieso que los últimos meses han estado llenos de un torbellino del poder y dirección por parte de Dios para mi vida, mostrándome rumbos distintos y personas nuevas.

Mi pregunta es: ¿cuántos de los que están leyendo esto se animarán a ser pioneros en su generación?

¿Con cuántos de ellos cuento para esta nueva fase de las misiones?

¿Serás acaso tú uno de ellos...?

GUÍA PRÁCTICA PARA NUEVOS MISIONEROS

Querido joven aventurero, ya estamos llegando al final del libro y quiero compartir contigo esta pequeña guía para tus viajes misioneros. Mi intención es que puedas tener una descripción práctica pero detallada de lo que necesitarás preparar, tanto física como espiritualmente, para emprender tu misión.

Iremos de a poco. Repasaremos la lista de la documentación previa, todo lo que debes hacer antes de llegar al aeropuerto, lo que debes hacer antes de que salga tu vuelo, y lo que debes hacer al regresar a casa.

¿Estás listo? ¿Seguro? Piénsalo bien, porque en el momento en que lo decidas, estarás diciéndole "sí" a una aventura de la que no hay vuelta atrás. Porque, en cuanto tú te decidas, Dios comenzará a moverse. Él tan solo está esperando tu "sí".

Y no me refiero al típico "sí" que les decías a tus padres cuando te pedían sacar la basura. Más bien me refiero a la clase de "sí" que respondías cuando tu madre te preguntaba si querías que te comprara tu dulce favorito. No necesitabas ni pensarlo. Sabías incluso cuál dulce querías, y te mantenías firme en tu decisión sin importar si estaba disponible en la tienda más cercana o si había que peregrinar por dos o tres tiendas hasta encontrarlo.

A esa clase de "sí" me refiero. Aquí vamos con la lista mientras piensas tu respuesta...

Documentación:

1. Verifica la validez de tu pasaporte. No debería vencer dentro de un periodo de al menos seis meses si vas en una misión corta. Si planeas quedarte por más tiempo, debería ser más. Revísalo y, de ser necesario, renuévalo.En el área espiritual, ten cuidado de no andar con una identidad vencida. Corre directamente con tu Padre para renovarla lo antes posible, en caso de ser necesario. Debes tener bien en claro quién eres en Cristo antes de salir a hablarles a otros en su nombre.
2. De ser necesario, obtén la visa que corresponda a tu país de destino. Hay algunos países que son muy estrictos al respecto. Debes informarte y realizar todos los trámites que sean

necesarios, los cuales a veces llevan tiempo. Que no se te ocurra comenzar a planear las cosas sin antes asegurarte de estar autorizado a ingresar al país a donde quieres ir.
3. Haz copias de tu pasaporte y de la visa (si puedes hacer copias en papel y también digitales, mejor).

Vuelos:
1. Planifica y reserva tus vuelos con anticipación. Ni se te ocurra querer comprarlos unos días antes, incluso si son vuelos locales, pues es muy difícil encontrar disponibilidad y precios accesibles.
2. Usa aplicaciones para encontrar ofertas y estar pendiente de las temporadas de demanda alta o baja. Si puedes elegir, yo te recomiendo viajar en temporada baja, puesto que los precios son mucho mejores.
3. No planees una misión exprés, a las apuradas, organizando y comprando todo a último momento. Recuerda que lo que Dios prepara no es una comida de microondas. Todo lleva su tiempo.
4. Investiga sobre las políticas de equipaje y cargos extras. Algunas aerolíneas de bajo costo te proponen precios magníficos, pero luego buscan cualquier excusa para llevarse tu dinero.
5. Te recomiendo investigar también las medidas de equipaje permitidas. Según la aerolínea en la que viajes, estas pueden llegan a variar considerablemente. Recuerda que habrá veces en las que ciertas cosas con cierto peso no vendrán incluidas en el boleto. Debes ser sabio para aprender a dejar atrás lo que no debe acompañarte en el viaje. Y no, no estoy hablando de las maletas. Esto es válido en el área espiritual también.

Alojamiento:
1. Si vas en un viaje misionero por tu cuenta y puedes costear una habitación de hotel por todas las noches de tu estancia, ¡adelante, hazlo!
   Si van varios en grupo, o si vas por tu cuenta pero no puedes costear una habitación de hotel, entonces te recomiendo ampliamente reservar en hostales. Existen miles de opciones en casi todo el mundo, y ahí tendrás lo que te haga falta sin necesidad de invertir mucho.

Finanzas:

1. Notifícale a tu banco sobre tu viaje (para que gestionen las autorizaciones necesarias y evitar bloqueos en tus tarjetas).
2. Investiga sobre el tipo de cambio en tu lugar de destino y lleva algo de dinero en efectivo para tener a mano cuando lo necesites. Por ejemplo, para pagar tu transporte desde el aeropuerto al hostal, o si necesitas algo de cambio para usar un baño público.
3. Considera la posibilidad de llevar una tarjeta de crédito o débito para facilitar las compras que tengan que realizarse, como por ejemplo la comida (sobre todo si vas en grupo).
4. Haz un presupuesto para tu viaje, incluyendo alimentos, transporte, actividades, etc. Sé sabio y administra bien los recursos que Dios te ha permitido tener.

Salud:
1. Consulta a un médico sobre las vacunas necesarias (especialmente si viajas a lugares exóticos como África).
2. Evalúa la posibilidad de contratar algún servicio de asistencia al viajero para tener disponible durante tu estancia.
3. Lleva contigo un botiquín básico (con analgésicos, vendas, repelente, etc.).
4. Tanto en el caso del botiquín como en el de necesitar llevar medicamentos personales, averigua sobre la legislación vigente tanto en tu país como en el de destino. En algunos lugares no permiten ingresar medicamentos sin receta, y en otros sí pero solo si están cerrados y en su empaque original.

Equipaje:
1. Elige una maleta adecuada y lo más ligera posible. Hay algunas que tienen ruedas desprendibles, lo cual puede ser más cómodo, pero no es indispensable. No te olvides de averiguar las reglamentaciones y medidas permitidas por la aerolínea que vayas a utilizar.
2. Lleva contigo durante el vuelo una mochila pequeña. Te servirá para llevar tus cosas personales y también un cambio de ropa por si lo necesitaras. A veces sucede que una maleta se extravía en el camino (por ejemplo, en las conexiones entre un vuelo y otro), y pueden pasar días hasta que la aerolínea la recupere y entregue al cliente. En esos casos, es mejor tener un cambio de

ropa de repuesto, para esperar más tranquilos.

3. Averigua cómo son los enchufes y el voltaje que se utiliza en tu país de destino, e incluye en tu equipaje adaptadores además de los cargadores de los aparatos que lleves.
4. En lo espiritual, jamás dejes que tu fuente de vida se agote. Permanece siempre conectado a Dios para estar recargándote una y otra vez.
5. Prepara con tiempo una lista de la ropa y los artículos esenciales que llevarás. Intenta incluir ropa versátil, para no llevar de más ni de menos. Por ejemplo, si vas a un país donde las temperaturas varían mucho a lo largo del día, tal vez sea mejor llevar varias capas de ropa más finas, en lugar de un abrigo grueso. De esa manera tendrás más opciones de irte poniendo o sacando prendas de acuerdo a la situación. Aprende además a ser práctico con tus cosas. Elige prendas que sean fáciles de combinar. Recuerda que habrá veces en las que no tendrás tiempo ni de pensar qué ropa vas a ponerte.
   En el área espiritual, no te olvides de empacar toda la armadura espiritual que se lista en Efesios 6. ¡Vas a necesitarla tanto o más que a tu ropa!

Comunicación:

1. Investiga las opciones locales o el servicio de roaming que tengas disponible para mantenerte siempre conectado.
   En el área espiritual, permanece siempre en contacto con Dios. Cuéntale de tus anhelos y preocupaciones, y sobre todo mantén tus oídos atentos a lo que él quiera decirte en cada momento.

Llegando al aeropuerto:

1. Organízate para llegar al menos tres horas antes si se trata de un vuelo internacional (puede surgir algo en el camino, y es mejor prevenir que lamentar).
2. Realiza el check-in en línea si es posible (esto ahorra tiempo en el aeropuerto).
3. Tan pronto como llegues, dirígete al mostrador de la aerolínea para dejar tu equipaje (verifica antes el peso para no tener problemas).

Controles de seguridad:

1. Prepara tus pertenencias para la revisión de seguridad. Normalmente te pedirán que saques los dispositivos electrónicos de sus empaques y los dejes expuestos, y si llevas líquidos, estos no deberán superar los 100ml y estar embolsados. Infórmate sobre estas y otras restricciones con anterioridad al viaje para evitar demoras o problemas el día de tu vuelo.
2. En el ingreso a algunos países el control es más detallado. Usa ropa cómoda y fácil de quitar por si quieren revisarte (los zapatos sin cordones son ideales). Te recomiendo averiguar sobre este tema con antelación.

Puerta de embarque:

1. Verifica la puerta de embarque para tu vuelo y la hora de embarque en las pantallas, que encontrarás... básicamente en todos lados. Si estás en otra parte del aeropuerto, mejor acércate a tu puerta de embarque y espera cerca (no sea cosa que luego te pierdas en el camino).
2. Escucha los anuncios que se hacen por los altavoces y pantallas, y mantente atento a posibles cambios de último momento (las puertas de embarque y los horarios pueden cambiar).

Tiempo libre en el aeropuerto:

1. Una vez que hayas identificado tu puerta de embarque, busca una sala de espera cercana. Allí tendrás la oportunidad de usar el tiempo restante hasta tu vuelo en muchas cosas.
2. Conéctate al wifi gratuito que suele haber en todos los aeropuertos para revisar tus redes sociales o mensajes.
3. Si dispones de más tiempo, explora tiendas y restaurantes, o tómate un café y disfruta de un momento de calma. Pero no gastes demasiado dinero en esto, y ponte alarmas en el celular cada tanto para no perder de vista tu horario de embarque.
4. Sobre todo, prepara tu mente y tu corazón para el viaje. Reflexiona sobre lo que te gustaría vivir y lo que esperas aprender. Establece tus metas personales para el viaje; por ejemplo, escuchar más a Dios en algún área específica, ser más ordenado, más dispuesto, más servicial...

De regreso a casa:

1. Cuando estés por emprender tu camino de regreso, el proceso será similar. Solo asegúrate de no olvidar nada en el hotel u hostal, y mucho menos cosas importantes como la documentación y los aparatos electrónicos. Revisa con cuidado los cajones y armarios en los que hayas guardado tus pertenencias, y también debajo de la cama, para que no se te quede nada allí.
2. Dale gracias al Señor por todo lo que te permitió vivir en ese viaje, por haberte cuidado en todo momento y por permitirte formar parte de sus planes maravillosos.
3. Ora por aquellas personas que continuarán haciendo la obra en el Señor en el lugar donde estuviste.
4. Comparte tus historias de viaje en las redes sociales para inspirar a otros a animarse a vivir las locuras de Dios.
5. Haz una lista de lugares a los que quisieras ir en el futuro (¡Empieza a soñar de nuevo, y hazlo en grande!).

UNAS NOTAS FINALES

Volviendo al modo vulnerable que caracterizó nuestra conversación desde el inicio de estas páginas, quiero hacerte ahora, antes de despedirnos, una recapitulación de algunas de las cosas que hablamos en esta laaaarga charla con café de por medio.

Algunas son obvias y otras cuantas preferirás escribirlas en un papel y tenerlas siempre a la vista para no olvidarlas.

Primero que nada: ¡SÍ existe un propósito para tu vida! Mientras haya aire en tus pulmones, habrá un propósito para tu vida de parte del corazón de Dios.

Aprende a gritar bien fuerte las verdades que Dios ha dicho sobre ti. ¡Que al enemigo le resulte imposible hacer que escuches sus mentiras!

Ni el futuro ni el pasado definen quién eres en Dios, puesto que ellos no son los dueños ni los autores de tu historia. Tan solo son testigos de las cosas que sucedieron y de las que quizá todavía no veas, pero que ya están escritas en el corazón de Dios.

Cuando el camino esté oscuro, vuélvete a esa lámpara que Dios nos dio, que es su Palabra... Y si no es suficiente, porque probablemente en algunas ocasiones no lo será, entonces deja que él mismo sea la lumbrera en tu camino, la brújula y el capitán de tu vida.

No tengas miedo de soñar en grande. No tengas miedo de pensar y planear. ¡Ten miedo a que tu vida se convierta en un cementerio de sueños olvidados! Los sueños que Dios ha puesto en tu corazón son reflejos de su amor y son su llamado para ti. Recuerda que él no es un Dios de pequeñeces, sino de grandezas.

Deja que tu corazón descanse, sabiendo que sus caminos son más altos que los nuestros. Concéntrate en tener esa fe como una semilla de mostaza que puede mover montañas.

Puede que en el camino te enfrentes a obstáculos económicos, familiares o personales, pero recuerda que cada desafío es una oportunidad para crecer y fortalecer tu carácter, tu fe, tu paciencia y para afinar la sensibilidad de tus oídos a la voz de quien te llamó.

Recuerda que no estás solo en este viaje, ¡jamás lo estarás! Dios va contigo, guiándote y cuidándote en cada paso. A veces te dará un pequeño empujoncito, pero no te alarmes, porque él tiene su mano derecha sosteniendo la tuya.

Toma riesgos y sal de tu zona de confort. Sé frío o caliente, ¡pero nunca tibio! Porque es allí, afuera de la tibieza, de la comodidad y del confort donde por lo general se encuentran las bendiciones más grandes y las recompensas eternas. Muchas veces los caminos más complicados son los que más vale la pena transitar.

No olvides que Dios puede abrir puertas que nunca imaginaste y llevarte a lugares que nunca pensaste que alcanzarías. Él es capaz de hacerlo cuando tienes dinero y cuando no lo tienes, cuando tienes habilidad con los idiomas y aun cuando no la tengas.

Algo muy importante: rodéate de personas que te animen y que compartan los mismos anhelos que tú. Hay una frase famosa que dice que si te juntas con tres borrachos, tú serás el cuarto, y si te juntas con tres estudiosos, tú serás es cuarto. De manera que si te juntas con tres hijos de Dios, hambrientos y apasionados por su Palabra, ¡tú serás el cuarto!

La comunidad es fundamental en este viaje, así como lo es la familia (que puede ser tu familia de origen o tu familia de fe). A los misioneros les toca a veces atravesar momentos duros, de soledad y pruebas, y quienes mejor pueden acompañarlos son aquellas personas que ya los conocen, y que también conocen al Dios al que sirven.

Comunidad. Familia. Piezas clave en el rompecabezas.

Me hubiera gustado compartir contigo miles de historias más, pero tendremos que esperar a otra ocasión. Lo que sé y tengo por seguro es que, sin importar dónde, cuándo ni cómo estés leyendo estas páginas, si es la voluntad de Dios, estarás comenzando a sentir un pequeño fuego como el que yo sentí hace muchos años... Un fuego que arde pero no mata, que quema pero realmente purifica.

Aguarda, no te impacientes, que todo llegará en su momento. Si tu corazón está dispuesto a decirle "sí" a los planes del Señor, las cosas se irán desarrollando en sus tiempos perfectos.

Mientras tanto, espera activamente. Aprende, investiga, prepárate, capacítate. Rodéate de personas que te ayuden a ser la mejor versión de ti mismo en y para Dios, y que te recuerden siempre cuál es tu identidad en Cristo. Busca también cobertura por parte de tus autoridades espirituales.

No le tengas miedo a los errores que puedas cometer, ni a los que cometiste en el pasado. Recuerda que todos hemos empezado desde cero, y todos vamos aprendiendo en el camino.

No intentes ser el Llanero Solitario. Mejor son dos que uno, ¿verdad? De esa forma, si uno cae, el otro está allí para levantarlo. Y si alguna vez te encuentras con que no hay nadie alrededor, regresa tu mirada al Señor y no la apartes de él, no la desvíes, no te distraigas... Dios jamás te dejará.

Y por último: nunca te olvides del pacto de amor que Jesús hizo por ti y por mí en la cruz.

Ámalo con todo tu corazón.

Búscalo con todas tus fuerzas.

Y atrévete a creer...

¡Confía en Dios y da el primer paso, sabiendo que él pondrá el piso!

Con amor y un profundo cariño,

El amigo de todos,

JC MARKER

NOTAS

NOTAS

NOTAS

NOTAS

Sigue en todas tus redes a:

SÉ PARTE DE LA MAYOR COMUNIDAD DE EDUCADORES CRISTIANOS

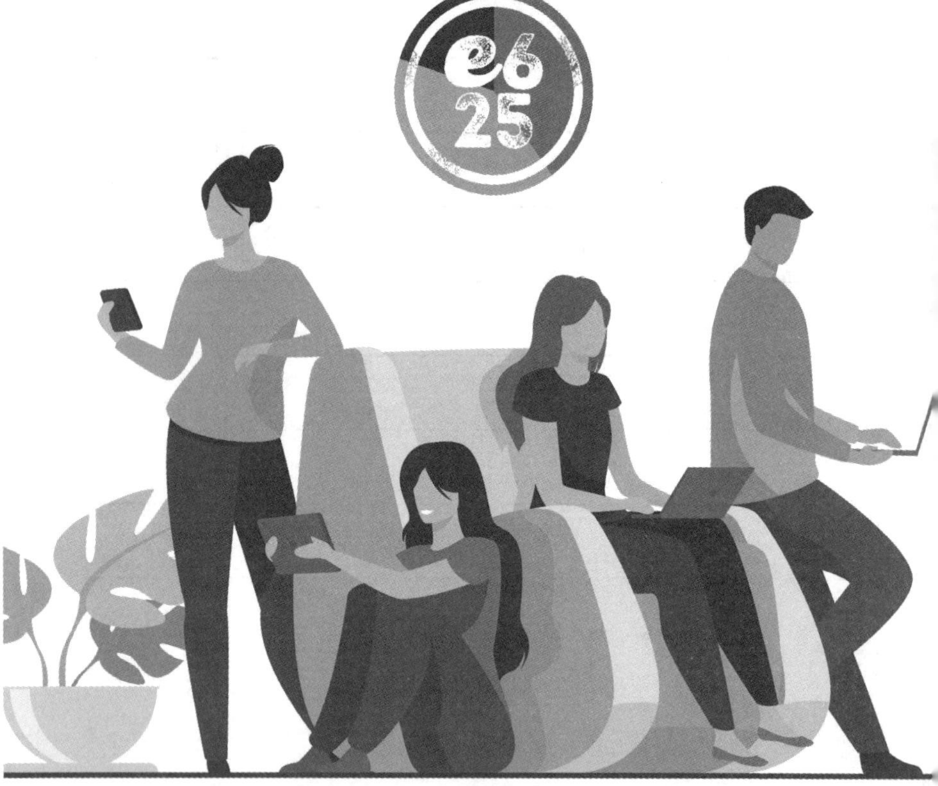

CAPACITACIÓN Y ACTUALIZACIÓN
MINISTERIAL ONLINE
DE NIVEL UNIVERSITARIO

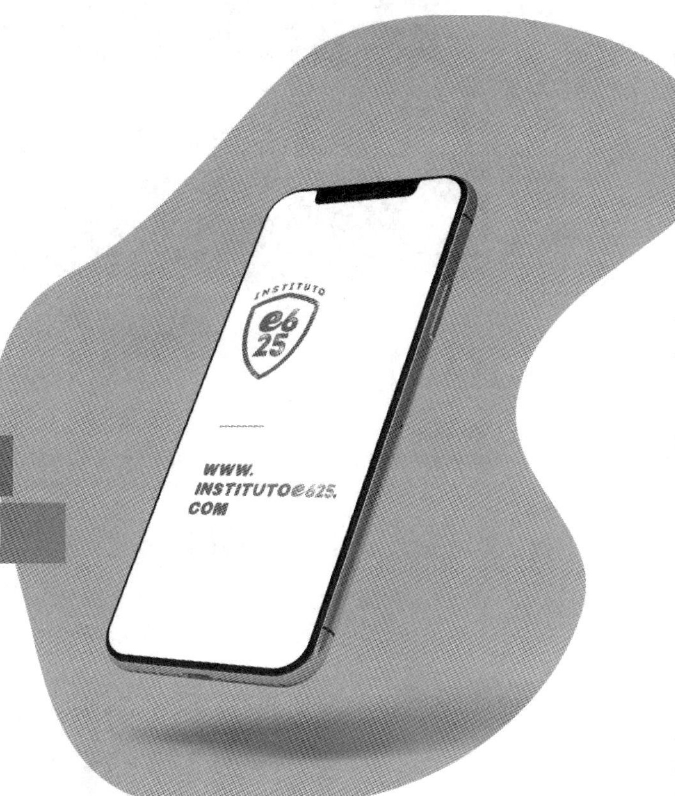

SIGAMOS
CRECIENDO
JUNTOS

WWW.
INSTITUTOe625.
COM

e625.com

TE AYUDA

TODO EL AÑO